U0927780

好爸爸的影响力

天津出版传媒集团
天津人民出版社

图书在版编目（CIP）数据

好爸爸的影响力 / 李雪著. --天津：天津人民出版社, 2018.3
ISBN 978-7-201-12721-7

Ⅰ.①好… Ⅱ.①李… Ⅲ.①家庭教育 Ⅳ.①G78

中国版本图书馆CIP数据核字（2017）第299835号

好爸爸的影响力
HAOBABA DE YINGXIANGLI

出　　版　天津人民出版社
出 版 人　黄　沛
地　　址　天津市和平区西康路35号康岳大厦
邮政编码　300051
邮购电话　（022）23332469
网　　址　http://www.tjrmcbs.com
电子信箱　tjrmcbs@126.com

责任编辑　陈　烨
选题策划　李世正
特约编辑　王玉红
内文设计　邱兴赛
封面设计　仙　境

制版印刷　北京华创印务有限公司
经　　销　新华书店
开　　本　880×1230毫米 1/32
印　　张　8.5
字　　数　120千字
版次印次　2018年3月第1版　2018年3月第1次印刷
定　　价　38.00元

前言

用父爱为孩子筑起成长的阶梯

父爱是父亲给予孩子的，能让孩子感受到温暖和安全的一种情感。

父爱是严肃的、刚强的、博大精深的，父爱同母爱一样伟大，只是父亲表达爱的方式不同。他们从男人的角度给予孩子坚强、独立、自信和宽容的正能量，而母亲给予孩子的是细腻、柔软的情感，父爱与母爱是相辅相成的，缺一不可，两者的结合才是最好的教育理念和培育方式。

古语云：慈父之爱子，非为报也。父爱是一种默默无闻的、寓于无形之中的感情，用心的人才能体会得到。拥有思想的瞬间，是幸福的；拥有快意的感受，是幸福的；拥有厚重的父爱，也是幸福的。

想必很多人都看过一些一开播就迅速火遍大江南北的亲子真人秀节目吧。各路媒体人对它们的评价也是众说纷纭。有人说娃很萌，爸很帅，两人一起很有爱，非常富有教育性，既教出了好爸爸和好孩子，又能将亲情如同剥洋葱似的一层层剥开展示在观众面前，完全迎合了观众窥视明星内心世界的“嗜好”。也有人说，这类亲子真人秀节目让大多数身处转型时代的中国父母不得不思考一大问题，即父亲在家庭中的地位和责任需要重新定位。男主外，打拼事业，赚钱养家；女主内，生儿育女，勤俭持家，这是中国人长期以来的家庭分工和责任定位。无论是否真的“身不由己”，男性以工作忙、打拼赚钱就是负责为由，将陪伴、教育子女的重任更多地交给女性或老人来承担。对于大多数“80后”“90后”“00后”的年轻人而言，父爱缺位远比母爱缺位来得普遍。长期缺乏父爱，孩子可能会患上“缺乏父爱综合征”，造成认知、个性、情感、体格方面的障碍与缺陷。缺乏父爱的孩子年龄愈小，患综合征的可能就愈大。

亲子真人秀节目恰恰抓住了社会对父亲所要承担的另一重家庭责任的期待。据统计，40岁以下的年轻观众占观众总人数的70%以上，该节目为他们描绘出了理想中的更为亲密的亲子关系蓝图。张亮在事业上兢兢业业，在亲子节目中，他对家务的承担，与孩子的换位沟通，对孩子细致而周到的看护，以及耐心温和又不失威严的教导等种种细节，使他不单单赢得了节目中其他几个孩子的好感，更博得观众的超级喜爱，观众给予了他“中国好爸爸”的光荣称号。在一定程度上，张亮扮演了新时期好父亲和好丈夫的高大形象。为什么这么说呢？有最直观的数据来做佐证：张亮的微博粉丝数从节目播出前的几十万直窜到千万，商演价格也从原先的5000元飙升到80万元。翻了多少番？同样忙于事业鲜有时间陪伴孩子的其他几位爸爸，通过几期节目的磨炼，会给孩子做饭了，会跟孩子聊天了……父爱逐渐蔓延开来。

爸爸就像是一缕阳光，时刻照亮着孩子的人生路；爸爸就像是一滴雨露，永远滋润着孩子的心田；爸爸就像是一棵大树，总是给孩子最稳定的依靠和遮风挡雨的绿荫。在孩子的心目中，爸爸的形象是高大伟岸的，爸爸的声音是铿锵有力的，爸爸的气概是气吞山河的。妈妈永远代替不了爸爸的角色，对孩子来说，爸爸是他们成长路上最珍贵的一笔财富。再忙也要陪孩子，孩子的成长少不了爸爸的陪伴，孩子的成才也少不了爸爸的榜样。为了能让孩子健康快乐地成长，为了许给孩子一个美好的未来，爸爸们，请翻开本书，让这些充满着油墨香和真情感的文字伴你与孩子共同成长。

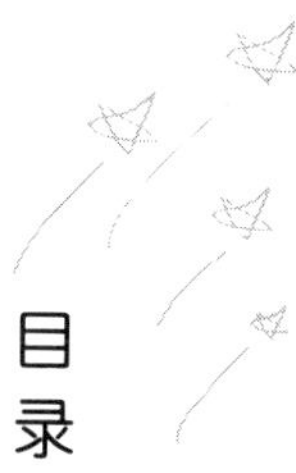

目录

第一辑

好爸爸是个好演员

好爸爸首先要是个“好演员”。只有“演”好孩子的“好玩伴”“知心人”“好老师”“引路人”“设计师”等人生的配角，才能真正担纲主演孩子生命影像里“爸爸”这个唯一的男主角。

第二辑

好爸爸是个璞玉的雕琢者

每一个孩子都是一块待雕琢的璞玉，但要成为一块美玉，必然需要一位能工巧匠加以细致雕琢，而爸爸便是最好的人选。琢玉是一场修行，精雕是一门艺术，愿每一位爸爸都能成为孩子这块璞玉的创造者、发现者以及雕琢者。

第三辑

好爸爸是最值得孩子信赖的人

遇到困难和危险的时候，孩子首先会想到谁？开心快乐的时候，孩子最想跟谁分享？是爸爸！爸爸就是孩子的天，就是孩子的地，是孩子心目中最值得信赖的人。爸爸的胸怀是宽广的，能够包容孩子的一切；爸爸的拥抱是温暖的，能够带给孩子安全感和舒适感；爸爸的言语是温馨的，能够温暖孩子幼小的心灵。

第四辑

好爸爸是小男子汉的培养者

长辈的过度溺爱、家长的过度保护，让家中的独苗“掌中宝”变得越来越娇气，越来越没担当，经不起风浪的拍打，受不起磨难的拷问，这样的男孩长大后如何挑起家中重担、国之重任呢？爸爸有责任言传身教，将小男孩培养成铁骨铮铮的男子汉。

第五辑

好爸爸是小公主的保护神

爸爸就像是一棵大树，孩子就像是大树下的一棵幼苗，靠着爸爸高大的“枝干”遮风挡雨。对女孩子而言，爸爸就是她们的保护神。有爸爸在，一切困难都打不倒她们；有爸爸在，一切狂风都吹不倒她们；有爸爸在的世界，便是美好的世界；有爸爸陪伴的人生，便是幸福的人生。

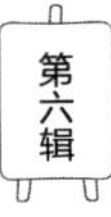

好爸爸许给孩子一个美好未来

爸爸身上独有的特性，如刚正、果敢、坚忍、爽朗、理性等，这些都是大部分妈妈所缺乏的。爸爸可以通过自身特有的秉性给孩子提供优良的成长源泉，促使孩子养成良好的性格品行，许给孩子一个无比美好的未来。

第一辑

好爸爸是个好演员

好爸爸首先要是个「好演员」。
只有「演」好孩子的「好玩伴」「知心人」
「好老师」「引路人」「设计师」等人生的配角，
才能真正担纲主演孩子生命影像里
「爸爸」这个唯一的男主角。

1

好爸爸扮演的角色之一：孩子的好玩伴

在孩子的心目中，爸爸的形象是高大伟岸的，爸爸的声音是铿锵有力的，爸爸的气概是气吞山河的，因此很多爸爸误以为自己永远要在孩子面前保持“沉稳”“严肃”的形象，殊不知，“好玩伴”其实是好爸爸最好的“入门工具”。

那些亲子真人秀节目之所以能够红遍大江南北，其主要原因是节目的中心点在于“游戏”，在于“玩”，平时忙忙碌碌的爸爸，在节目中完全“沦为”孩子的“玩伴”，几天几夜时刻陪伴在孩子左右，管他们的衣食住行，与他们做各种各样逗趣好玩的游戏，这是多么难得的亲子相处时间啊！孩子们对爸爸依恋的眼神，让无数已为人父人母的观众落下感慨的热泪。

我想朋友们或许都发现了，那些亲子真人秀节目的小主角，年龄都在6岁左右，这个年龄段在发展心理学中被称为学龄前期。这个时期的孩子有强烈的独立意识，对一切事物都充满好奇感，但是，由于年龄的限制，他们自身的知识结构和能力有限，所以他们只好向爸爸妈妈“下手”，常常提出各种各样的疑问。孩子们的疑问天马行空，有些根本没有正确答案可言。可是，当孩子在问到你的时候，你结结巴巴地答不上来，是不是有损你身为爸爸的“伟岸”形象呢？哈哈……游戏可是解决此问题的最好形式！能帮大忙！

做游戏，是促进孩子智力发育极好的一种方式，是刺激孩子兴奋点和满足孩子探索外部世界的好工具。在湖南卫视的一档亲子户外真人秀节目中，爸爸和孩子完全摆脱了妈妈的“束缚”，挺进了贫穷的山村或者贫瘠的沙漠，探索大自然美的同时也感受到了人性的真善美，在与各种动物的亲密接触中滋生了爱与保护的情愫和愿望，更重要的是，和孩子在一起的60个小时，爸爸身上的男子汉气概，坚韧不拔、勇敢自信、团结协作等精神完完全全地投射到孩子身上，不用过多的说教，不用过分的在意，这些优良的品质已然深植于孩子的心间了，更好地促进了孩子身心健康的发展，更好地塑造了孩子健全的人格，也更好地培养了孩子适应陌生环境的生存技能，同时亦有益于孩子智力的发展和提高！

有的爸爸可能会自信地认为，做孩子的“玩伴”很简单，常常抽空陪陪孩子，做做游戏就行了。真的这样简单吗？其实不然。

在我的微信朋友圈里，有位在电视台做主持人的朋友成天，他与儿子浩浩的相处方式令大家拍手称赞。为什么呢？因为主持人一年忙于工作的时间不会少于300天，只有几十天在家陪孩子，所以成天非常害怕自己常年不在家陪儿子会对儿子的成长造成一定的心理阴影，故只要他在家，就和儿子一块儿玩，通过“玩”教儿子做人的道理，通过“玩”教儿子一些文化知识，成天的妻子说，他们俩的关系，与其说是父子，倒不如说是“玩伴”更贴切一些。

记得有一次我们几家相约一起带着孩子去海边旅行，

途中，我们开玩笑地问几个小朋友家里谁是老大，爸爸排名第几，你们知道浩浩是怎么回答的吗？他掐指算了算说爸爸排第四，可是话音刚落，他又反悔了，说爸爸应该排第五才对！成天堂堂一家之主，在儿子心目中，他的家庭地位排名却只能排第五位！这是什么状况，我们很好奇。浩浩说，爷爷奶奶肯定是稳坐第一第二的宝座了，第三必须是妈妈，第四是谁呢？浩浩“不怀好意”地笑笑说是他们家的宠物——一只狮子狗！听儿子这样说，成天一脸汗颜，宠物狗在家的排位比他都高！可转念一想，这说明了什么呢？说明浩浩根本就把他这个亲爹当成了“玩伴”！若不是这样，怎么能把他排在最后呢？

浩浩还时常给他爸爸起外号，叫得最多的一个外号是“变形金刚成”，原因是他觉得爸爸非常能干，能模仿很多人唱歌跳舞，能讲很多种语言，能主持各种各样的节目。有时浩浩也会叫爸爸“超人成”“成奥特曼”，反正浩浩跟爸爸在一起时想说啥就说啥，想叫他啥就叫啥，有时懒得给爸爸起外号了就直呼他的大名，这父子俩，相处得真是够融洽的。

成天在做孩子的“好玩伴”这方面是我们为人父母的榜样和楷模，他是怎么做到的呢?

做孩子的“好玩伴”有一个误区，即很多爸爸会用成人的眼光看待和孩子玩的游戏，会用成人的标准要求孩子玩游戏，这样不仅会疏远亲子关系，还会使亲子关系紧张化。成天说，他在跟6岁的儿子“玩”的时候，会把自己想象成一个6岁的孩子。是的，爸爸应该保有一颗“童真童趣”的心，把自己当成一个孩子，站在孩子的立场，用孩子的眼光看待游戏和玩游戏，效果必然理想化。

当然，做孩子的“好玩伴”，务必要了解清楚孩子的兴致所在，即平时他喜欢玩什么，针对孩子的兴致来决定陪孩子玩的游戏，才能在游戏中收获快乐，才能以游戏的方式达到你想要达到的目的。因为不是每个男孩子都喜欢变形金刚的，也不是每个女孩子都喜欢玩偶娃娃的。浩浩喜欢超人，成天就买超人亲子装跟他一起穿上，然后跟浩浩玩“我们是超人”的游戏。在游戏的过程中，成天会设计一些场景，如某大厦起火了，“超人”要怎么做?通过虚拟情景演示，教导浩浩如何自救逃生，如何帮助大家逃生等。

另外，做孩子的“好玩伴”，务必要有耐心。孩子们玩的游戏，不管是技术还是智力，对于爸爸们而言，都是轻而易举就能够攻克的，但是对于孩子而言，需要一定的时间和精力才能够攻克，这就要求陪玩的爸爸要耐得住性子，跟孩子一起沉思解决，不能为了尽快结束游戏而直接告知孩子解决的方法，要让孩子通过不断地思考和研究开发智力。

一个好爸爸，首先要是一个好玩伴。玩得快乐了，心宽了，智力就开发了，知识就增长了，感情就深厚了。好爸爸，从扮演孩子的“好玩伴”开始吧！

好爸爸箴言：要想成为孩子的好玩伴，务必要保有一颗永不泯灭的“童心”，要融入孩子的各种游戏中，使爸爸的“阳刚之气”在游戏中“柔软化”，将坚强、独立、自信、宽容、果敢等良好的性格个性通过游戏向孩子展现，潜移默化中将其渗入孩子的心灵之田。

2

好爸爸扮演的角色之二：孩子的知心人

爸爸的地位，在传统中国家庭中是超然的、崇高的，因为他们是家庭的经济支柱，主要职责是赚钱养家，具有“钱袋子”之称，所以，他们教育孩子习惯采取说教式、打骂式或者发号施令式。这样的教育方式，很难使父子间或父女间产生共鸣，反而会让孩子产生抵触心理或是逆反心理。

父亲对孩子最好的教育方式应该是“做孩子的知心人”，让孩子先信任你，然后慢慢地向你敞开心扉，让你走进他们的心灵世界，让你与他们内心的声音进行沟通和交流。

那么，好爸爸要怎么做才能成为孩子的知心人呢?

做孩子的知心人，前提是了解孩子的思想和行为，在了解的基础上才能理解他们，帮助他们。而了解孩子最直接的方式是多与孩子进行沟通和交流。在孩子和大人的思想出现冲突时，大人要多问孩子为什么要这么做，在充分了解了孩子内心的真实想法后，再试着站在孩子的角度想问题，多考虑他们的难处，引导或是帮助他们解决问题。

我5岁的女儿晨曦有一次在小区球场玩篮球的时候，因抢球的问题和好朋友俊俊发生了摩擦，两人争吵了几句，年龄较小的晨曦明显争吵不过已经读小学的俊俊，沮丧的她用手拍打了一下俊俊的后背。俊俊的爸爸见状，赶紧把俊俊拉开避免受到晨曦的二次攻击，此时，我先生也及时拉住并制止了晨曦的“打人”行为。但是，曦爸并未第一时间指责女儿打人，而是问她“为什么要打人”，在了解了事情的真相和女儿打人的真实原因之后，他再教育女儿，打人是一种很不好的行为，而且打人也并不能解决问题，小朋友在一起玩，争争抢抢吵吵闹闹是必然的，这次你让让他，下次他让让你，这样才能常常相约一起玩儿，不然以后就不能再在一起玩了。女儿听罢爸爸的话，懂事地点点头。这时，曦爸再趁热打铁让晨曦主动跟俊俊道歉，两个好朋友和好如初，又一如既往地玩在一块儿了。

这就是“了解”。毋庸置疑，打人肯定是不对的，但是如果你一开始不问清楚孩子打人的原因，不给他（她）一个解释的机会，直接劈头盖脸地批评和教育甚至是打骂，即使他（她）慑于你的威严而点头表示接受你的批评教育，也乖乖地向对方表示歉意，但是孩子心里还是会觉得不舒服，会觉得爸爸不再疼爱自己了，这样必定会影响亲子间的友好关系。先听听孩子的解释，了解整个事情发生的背景原因，才好“对症下药”，决定是用严厉的批评方式还是用比较温柔和蔼的建议性方式教育孩子，这样他（她）才能更好地接受。

做孩子的知心人，爸爸还要学会运用正确的交流方式，即“蹲下来和孩子说话”，与孩子进行友好且平等的交流。美国心理学家威德·霍恩说：“做孩子朋友的真正含义是以平等的、孩子乐于接受的方式贯彻自己的教育思想。”是的，人与人之间的关系是平等的，父子间也该如此。

孩子不是家长的附属品，他们是有思想、有一定行为能力的独立个体。所以，在跟他们进行交流时，务必要注意自己的语言表达方式，“不准”“不可”“你应该”“你必须”等带有命令式或禁止性的语言一定要少用，要尽量多用鼓励性和积极性的语言与孩子进行沟通和交流。且不管工作有多忙，是否能够每天回家陪孩子，你至少每天都要抽出一定的时间与孩子进行交流，不管是用什么方式，电话也好，微信也好，视频也罢，只要能够传递声音，就可以跟孩子聊聊学校里的趣事，聊聊家里的情况，这样的交流既轻松又自在。

如果你能够每天都回家，那么跟孩子的交流时间可以是琐碎的，见缝插针式的，不一定要特意抽出一整段空挡时间和孩子聊天，可以在孩子看动画片的时候跟他（她）聊聊动画情节，聊聊动画人物，也可以在孩子玩玩具的时候搭把手边玩边聊，这样的交流零负担且倍儿清新。

身为记者的曦爸长期在乡下蹲点采访，一次，我带着女儿坐了好几个小时又颠又簸的车去看他。由于当地的生活条件比较差，曦爸好不容易才找到一处破烂的农舍栖身，可是临近黄昏才到的女儿却不愿意入住爸爸栖身的那间黑乎乎的小屋过夜。看到女儿既“嫌弃”又“委屈”的模样，我非常生气，可是曦爸却没有生气，也没有不耐烦，而是摆出了一副“我理解你的感受”的表情。

曦爸认为，生长在城市里的孩子来到条件艰苦的乡村里，不习惯，不乐意，甚至闹脾气，都是可以理解的，于是，他蹲下身来说服女儿。他先是诱惑女儿说：“这里到处都是清脆的鸟叫声，美丽可爱的小鸟盘旋在你头上，它们看见你来看望它们，不知道多高兴呢！”女儿抬头看了看在她头顶上欢快地飞来飞去的小鸟，心情顿时变得愉悦起来。曦爸趁她高兴的时候要牵她进屋，可是女儿似乎还是有些抗拒，曦爸把女儿抱起来：“爸爸抱你进去吧，爸爸很久没抱过你了！”爸爸的怀抱是温暖的，女儿不再抗拒，乖乖地伏在爸爸肩头，让爸爸抱她进屋。

进屋睡觉的问题解决了，可是重头戏——洗澡和上厕所却是个大问题。与这个农舍配套的“浴室”和“厕所”是门外5米内用茅草盖的一间小“房子”，味道很浓，女儿还没走到门口就捂起鼻子往后退，不肯再前进了。曦爸把女儿抱在怀里告诉她，附近洗澡和上厕所的地方只有这一个，如果不想憋坏身子，不想黏糊糊地睡觉，就得想办法克服困难进去上厕所和洗澡。女儿眼睛有些泛红，说太臭了，没有办法靠近。曦爸说："我们一起想个办法让臭味不要跑进我们的鼻子里吧。"女儿想了想问爸爸："像游泳那样憋气，快快地尿尿，快快地洗澡行不行？"曦爸微笑着说："我们去试试不就知道了吗？"结果，女儿憋着气顺利地把上厕所和洗澡的问题解决了。

当晚，在昏黄的灯光下，女儿跟爸爸在茅草屋里简易的木板床上聊天，两人有说有笑的，女儿还时不时地凑到爸爸耳边说几句悄悄话不让妈妈听，父女俩俨然是一对知心好友。

做孩子的知心友人并不是一件简单的事。在跟孩子进行交流的过程中，爸爸还要格外关注孩子的情绪变化和语言反应，千万不要剥夺孩子表达自我见解的权利，要多给孩子充分表达自己想法的机会，不管孩子的表述和见解是对还是错，都不要打断他们，要耐心地听他们说完，然后再跟他们进行平等讨论。如果孩子的见解是对的，有一定的可行性，那么爸爸一定要给孩子尝试的机会，如果孩子的观念和想法与自己有分歧，爸爸也不能将自己的想法和观念强加给孩子，要用平等交流的方式说服孩子，而且态度要柔和，语气要柔软，切不可生硬地训斥。

另外，做孩子的知心人，还要做到善于表达自己的情感。也许你会说，父爱如山，厚重，深沉，不需要用语言表达。你错了！爸爸对孩子的爱是不需要隐藏的，爱他，就要大声地说出来！

女儿常常问爸爸："爸爸，你爱我吗？"曦爸毫不犹豫地答道："当然爱！而且爱多多！"女儿："那你爱我多一点儿还是爱妈妈多一点儿？"曦爸："当然是一样多了！"女儿："我觉得爸爸爱我多一点儿吧？"曦爸："是吗？被你发现了啊！"呵呵，在亲子间的感情表达上，父女俩真是完全没有障碍啊！

在你付出了艰辛的努力，最终成为孩子的知心人后，你会发现，亲子关系更加亲密无间了，家庭生活也增添了更多乐趣，更重要的是，孩子信任你，愿意让你走进他的心灵世界，让你了解他所需，知道他所想，在他遇到好事、快乐事时，第一个想要告诉你，这说明了什么？说明了你在孩子心目中的地位更加超然更加高大伟岸了！

好爸爸箴言：做孩子的知心人是保持良好亲子关系的基础，是和孩子进行良性沟通的主要途径。要想成为孩子的知心人，就务必要学会“蹲下来和孩子说话”，慢慢地走进他们的内心世界，听听他们内心的声音。

3

好爸爸扮演的角色之三：孩子的好老师

孩子是一个家庭的希望。孩子的命运，孩子的成长，孩子的未来，牵系着一个家庭现在和将来所有的喜怒哀乐。天下间没有哪位父母是不希望自己的孩子能够成才的，可是很多家长都掉入了一个认识误区，即把教育孩子和成就孩子的重托一味地交给学校或是培训机构的老师，这是极为不科学的。要知道，父母在孩子面前表现出的任何一个动作，任何一个眼神，说的任何一句话，都有可能对孩子产生影响，因为，父母是孩子第一任且永不卸任的老师，是孩子一生中最优秀的老师。而支撑起整个家庭经济命脉的爸爸，更是孩子学习和模仿的最好对象。

邻居张先生是个特警，他有一个6岁的儿子，名叫豆豆。豆豆经常来我们家玩，每次来都要拉着我女儿跟他一起玩警察抓坏人的游戏。有一次我问他为什么总是要玩这个游戏，能不能换个游戏玩一玩，比如说消防员救火、押运员押运货物之类的游戏，他摇摇头说："不！我就要玩警察抓坏人！我长大了要像爸爸一样做一名警察，抓很多很多的坏人，不让那些坏人干更多的坏事。"小小年纪就有这样的志向和决心，值得点赞！不过我们在为豆豆点赞的同时，也要为豆豆爸爸点赞，若不是他这位好老师的形象示范和言传身教，豆豆怎么会对警察这个职业有如此崇高的敬意？怎么会从小就立志要当一名保护人民生命、财产安全的警察呢？

的确，孩子会以他们心目中有高大形象的爸爸为榜样，在爸爸正面的潜移默化地教育中，从小树立正确的世界观、人生观以及价值观，建立起一定的自我职业发展需求，这对孩子的成长绝对是有百利而无一害的。这也是爸爸这位好老师的职责所在，魅力所在。

给孩子灌输职业成就感和优越感，引导孩子从小树立宏大的志愿，爸爸的一言一行、一举一动都将成为教育孩子的“素材”，都会影响到孩子性格特点、个性修养、爱好特长等的形成和发展。那么，爸爸到底要怎么做，才能够让孩子从自己身上汲取正能量呢?

爸爸这位好老师的首要任务是从自己做起，不利于孩子言行和举止的事绝对不要在孩子面前做。爆粗口是一种很不文明的语言行为，很多家长朋友情绪一上来就不管不顾地爆粗口，哪怕是孩子在身边也照说不误，这给孩子树立了一个多么坏的榜样啊!

前段时间豆豆爸带豆豆参加美术班组织的亲子户外绘画活动，期间，豆豆不小心弄掉了邻座一个小男孩的画笔，虽然豆豆已经及时说对不起了，但是那个小男孩还是爆粗口骂了豆豆。豆豆爸在一旁听得一肚子火，不过他除了暗自在心底说“没家教”之外什么也做不了，毕竟不是自己的孩子，无法“越权”教育别人家的孩子。但是，之后发生的事情，豆豆爸真的想“越权”帮孩子教育教育他爸爸了。

那位小男孩的爸爸看到自己的儿子在骂豆豆，径直奔过来，问都没问发生了什么事就噼里啪啦地对儿子爆粗口，责骂孩子不该骂人。豆豆爸摇摇头说，这样的爸爸，能教出不骂人的孩子才怪呢。是啊，这位爸爸教育孩子的心理我们可以理解，但是他教育孩子的方式我们却不予认同。

在学习上，身为好老师的爸爸一定要跟孩子同步。要想让孩子养成自觉学习的良好习惯，自己就要先养成良好的学习习惯，将业余时间用在看书、看报上，而不是用在打游戏、玩手机上。豆豆还没出生的时候，豆豆爸缓解工作压力的方法是玩电脑游戏，有时休假在家，一整天都不离开电脑半步。可是自从豆豆出生之后，豆豆妈跟豆豆爸说，你再这么沉迷于电脑游戏，将来儿子有样学样也会跟电脑游戏结下“不解之缘”，若是他沉迷其中，恐怕会影响他的学习成绩。豆豆妈的话让豆豆爸幡然醒悟，从此再也不玩电脑游戏了，将时间用来看书学习，给豆豆树立了一个良好的学习榜样。另外，豆豆爸为了让豆豆养成勤于思考善于解决问题的良好习惯，自己在遇到问题时会认真思考，努力想办法克服，用实际行动给豆豆树立了一个好榜样。

在精神上，身为好老师的爸爸，一定要多给孩子鼓励，多为孩子加油，让孩子在遇到困难挫折时，有足够的信心和勇气跨越荆棘；一定要多给孩子一些爱，但不是溺爱也不是宠爱。豆豆爸爸说，豆豆若是想要某样玩具，他不会因为豆豆想要就马上买给他，他会给豆豆设定一些小任务，比如让他主动洗碗或是拖地，每做一样家务就给他颁发一颗小星星贴贴纸，当他收集了一定数量的小星星就给他买一样想要的玩具。

尽管很多爸爸为了孩子能够更好地成长，都在努力做一个好老师，但是，毕竟爸爸并不是孩子真正意义上的老师，所以不能完全用老师的行为和语气教育孩子。爸爸和孩子之间毕竟有血缘关系，孩子可以跟爸爸撒娇，可以跟爸爸发脾气，却不敢在老师面前撒娇或是发脾气。在此提醒各位爸爸，要想成为孩子的好老师不是一件容易的事，要掌握技巧，要懂得方法，不然会适得其反。

有的孩子不喜欢太严厉的教育方法，爸爸在教育孩子的过程中不妨注入一些幽默气氛，让孩子在轻松愉悦的环境下接受教育；有的孩子没有耐性，性格急躁，做事情总是三心二意，爸爸就要通过行动充分表现出细心、耐心以及用心，潜移默化地教导孩子……

好爸爸不是一天两天就能够修炼成功的，但我相信，每一位疼爱孩子的爸爸都会努力成为孩子的好老师，成为孩子心目中的好爸爸。

好爸爸箴言： 身为孩子成长过程中的第一任老师，身为一家之长的爸爸，你的一言一行、一举一动都将是教育孩子的“素材”，你的形象示范，你的言传身教将会影响孩子的一生。所以，你要以身作则为孩子树立高大挺拔的光辉形象。

4

好爸爸扮演的角色之四：孩子成长的引路人

爸爸，不仅是孩子终身受益的老师，更是孩子健康成长的引路人。孩子的性情发展，孩子的成长质量，孩子的未来需求，都需要爸爸这个“指路明灯”引导，需要爸爸用包容的心、纯正的爱以及最实际的行动铺筑孩子的成长之路。

同事汪洋的儿子丁丁呱呱坠地没几天，他就将家里的杂物房改造成儿童书房。我们去看望还未满月的丁丁时，他拿出一大堆儿童书房的设计稿请我们提一些改造建议。同事小张开玩笑说：“丁丁现在连翻身都不会，当务之急，先把杂物房改造成玩具房是不是更实际一些呢？”汪洋连忙摇摇头说："作为孩子成长的引路人，必须早做规划早做准备。我打算让儿子在书房里玩着长大，寓玩于教，寓教于乐，让他从小接受书香文化的熏陶，养成爱学习、爱阅读的好习惯。"

有人说，孩子就像一张白纸，你在上面画什么写什么，那张白纸就会显现什么。为了将孩子培养成爱读书有文化的人，汪洋特意花时间、花精力、花财力为孩子设计一个儿童书房，给孩子营造一个良好的学习和阅读环境，让孩子快乐地成长。汪洋这位引路人真是用心啊，这种为了孩子成长和成才而进行未雨绸缪地设计和长远的规划的行为，十分值得各位爸爸学习。

作为孩子的引路人，未雨绸缪是基础行为，精心规划是实际行动。爸爸们在采取实际行动时，必须要记得带上一个"爱"字。要让孩子知道，你所做的一切都是因为爱他！有爱做基础，你为孩子所筹划的一切，孩子才能坦然接受。当然，在爱孩子的过程中，要注意为爱松绑，不能以"爱"的名义剥夺孩子的自由和权利，适时给孩子一些选择的机会，让孩子快乐前行，幸福成长。

丁丁4岁的时候，汪洋带丁丁到各种兴趣班试课，有美术课、武术课、钢琴课、声乐课、主持人课、英语课，等等，每试完一节课，他都会问丁丁好不好玩，想不想再上下节课，完全放手让丁丁自己选择要上的兴趣班。在丁丁选了两个兴趣班之后，他告诉丁丁，不管刮风下雨，都要坚持上课，如果做不到，就不要上兴趣班了。

或许有人觉得，让4岁的小孩自己选择未来要走的路，有点儿太儿戏了。这就需要发挥爸爸作为引路人的作用了。在孩子做出选择之前，要给予正确的引导。丁丁很小的时候就喜欢在爸爸特意为他设计的儿童书房里涂鸦，涂鸦累了就在小书房里弹弹电子琴、看看书。就这样，在爸爸有“预谋”的长期引导下，丁丁高高兴兴地选择了美术课和钢琴课，汪洋也高高兴兴地接受了儿子的选择。

品行决定命运。身为孩子的引路人，必须要培养孩子健全的人格和良好的品行。汪洋说：“虽然我很想儿子将来能够出人头地，但是我也明白不是每一个孩子都能够培养成为艺术家、科学家的，不过我可以把孩子培养成为宽容大度的善良的人。”为此，汪洋常常给儿子讲一些古今名人的良好品行故事，在生活中给儿子灌输要宽容、要大度、要善良的信念，让儿子从“听”开始，然后慢慢引导他去“做”。

理想是一缕能够穿透孩子心灵世界的阳光。培养孩子从小树立远大理想，对他们的健康成长是一个很好的助推器。在丁丁学了钢琴和美术课之后，汪洋问他是喜欢上钢琴课还是喜欢上美术课。丁丁想了想说喜欢上钢琴课。于是，汪洋找了很多钢琴家表演的视频给丁丁看，同时还讲一些闻名世界的钢琴大师的故事给他听，丁丁看完视频、听完故事，立志长大了要做一名钢琴家。为了实现这个理想，他每天都自觉练琴一个小时，不会弹的曲子就主动问老师，不熟练的曲子就多加练习，直到熟练为止。看到丁丁这么用心为自己的理想努力，汪洋对自己的引导和教育方法更是充满了信心。

人生不可能一帆风顺，艰难曲折时有发生。所以，身为孩子的引路人，也要培养孩子的抗挫折能力。为了培育丁丁的抗挫折能力，汪洋在丁丁刚开始学钢琴，还没有进入状态的时候就给他报名参加省级钢琴比赛，丁丁在比赛的时候弹得很不好，故分数很低。回家后，丁丁哭了好久，汪洋跟儿子讲了一些名人失败的故事，告诉他有失败才会有成功，一次失败不代表永远失败，鼓励他以后多练习，下一次比赛就有机会赢得名次。之后，丁丁每年都会参加一些钢琴比赛，有失败也有成功，不过经历了上次惨痛的失败教训，他已经能够平静地面对比赛中的得与失了。对此，不得不说，汪洋是一个帮助孩子成长的很好的引路人。

俗话说得好："保护自己，爱惜自己，才能成就更好的自己。"身为孩子的引路人，爸爸们还要注意培养孩子提高自我防范意识和远离危险的意识。爸爸们可以采取做游戏、情景表演危险事件等方法，让孩子在玩中学会自我保护，也可以通过跟孩子做一些小实验，告诉他们哪些东西不能玩，哪些事情不能做，等等。

孩子是父母最大的财富，父母在他们身上付出的时间和精力越多，孩子成长得就越快，每一位爸爸都要努力做好孩子的引路人，为孩子的成长助力，这样才能品尝到孩子带给你的最甜的成长硕果。

好爸爸箴言：爸爸不仅是孩子能够终身受益的老师，更是孩子健康成长的引路人。孩子的性情发展，孩子的成长质量，孩子的未来需求，都需要爸爸这个“指路明灯”去引导、去照耀，爸爸需要用心和用爱去铺筑孩子的成长之路。

5

好爸爸扮演的角色之五：孩子的人生设计师

在孩子的成长过程中，爸爸不仅有责任有义务扮演好家长的角色，抓住孩子成长的每一个瞬间进行教导，更要勇于担纲扮演好孩子人生蓝图的总设计师的重要角色，为孩子能够拥有一个璀璨的人生进行规划和设计，教会孩子更好地生存与发展。

经过连日焦急的等待，潇潇终于收到了美国哈佛大学的录取通知书，父亲陈晓刚欣喜不已，多年来对儿子的细心栽培总算获得了喜人的成果。晓刚是我众多朋友当中，最合格也是最出色的孩子人生蓝图设计师。在儿子还嗷嗷待哺时他就暗下决心要把儿子送到享誉世界的研究型大学——哈佛大学就读。为了实现这个人生理想，他从早教抓起，从培养孩子的兴趣抓起，给孩子报读的任何一个课外兴趣班必须是国际水平的，为儿子将来出国奠定良好基础。

儿子一开口学说话，他就让儿子同时学习讲汉语和英语，并且在家里尽可能地营造一个讲英语的氛围，让孩子早早进入“讲英语”的世界。当潇潇上小学时，已经可以很流利地跟外国人用英语聊天了，去欧美国家旅行也完全无语言障碍。

语言关只是晓刚针对儿子未来出国读书而进行规划设计的一部分。另外一部分规划是让孩子学好科学文化知识，培养孩子出色的特长。潇潇是数学资优生，一年级的时候，一次偶然的机会潇潇看到五年级的数学课本，就把那本数学课本里的练习题做完了，而且全对！从那时起，晓刚便开始请一些重量级的数学老师给潇潇补习，也鼓励潇潇多参加一些国际国内数学大赛，通过参加这些数学大赛，潇潇不仅得到了历练，还拿了很多奖项，想必这就是他能够获得哈佛大学青睐的关键因素所在。

在羡慕晓刚能有这么优秀孩子的同时，我们也看到他为了培养儿子而付出的精力和心血，更要向他学习如何扮演好孩子人生蓝图的总设计师这个角色。

扮演好孩子人生蓝图的总设计师，爸爸首先要做的是把自己当成一把开启孩子智力发展的“金钥匙”，对孩子进行正确且行之有效的早期教育。孩子3岁之前是智力发展的黄金期，爸爸们一定要把握这个关键时期对孩子进行早期教育。如果经济条件允许，可以给孩子报读早教班，借助早教机构的力量深度挖掘孩子的智力潜能。如果觉得上早教班经济压力大，也可以自己充当孩子的早教老师，为孩子购买一些益智玩具，设计一些益智游戏，多花一些时间跟孩子一起玩、一起学，以孩子第一任老师的身份开发孩子的智力。要多注意观察孩子，探索孩子的兴趣所在，然后再有针对性地对孩子的兴趣进行引导和发展。

天下父母都希望自己的孩子将来能够有所作为。在中国教育制度的影响下，学科成绩好是成才的必然条件之一，相信绝大多数爸爸都会鼓励孩子认真学好各个考试科目，争取在考试中拿高分。这样做并没有什么不对，只是我要提醒各位用心良苦的爸爸们，身为孩子的人生设计师，你们要适时地告诉孩子，学习文化知识的重要性——不仅是为了考试，为了将来的生存，更重要的是为了自我的发展，自我的成就；告诉他们，人活着并不难，难的是活出特色，活得精彩。

潇潇上学后学习成绩一直非常好，不仅被保送重点中学，还被保送国内数一数二的重点大学。可是他的眼光更加长远，需要更大的舞台实现自我人生价值，故放弃了保送上重点大学的大好机会，向哈佛大学递交了入学申请书。晓刚说，如果儿子在国内上重点大学，以他优异的数学成绩，毕业之后肯定能够找到一份高薪厚职的工作，生活绝对是无忧的，但是国际舞台更有吸引力，更能发挥他的才华，所以他鼓励儿子去世界顶尖的学府学习和深造，让儿子能有更大的空间发展自我、成就自我。

作为孩子的人生设计师，爸爸们在关注孩子的学习成绩和理想发展的同时，也要注意培养孩子拥有一个好性格和好心态。我们在报纸杂志上常能看到高智商人才因性格扭曲或是心态不佳而走上违法犯罪道路的新闻报道，父母含辛茹苦培育孩子几十年，终于功成名就了，可是却因为具有极端性格和悲观心态而走向了“不归路”，多让人寒心啊。对于这一点，晓刚极为注意。潇潇上小学之前性格有点儿孤僻，不太爱说话，也不太爱跟其他小朋友玩，晓刚怕他有自闭症或是存在一定的性格缺陷，故带他去医院做了检查，检查结果显示潇潇智商很高，并无异样。在详细问诊之后，医生分析，潇潇之所以沉默寡言，不太爱和小朋友一块玩，是因为他本身性格有点儿内向，加上家长又给他安排了太多的学习课程，在他的小世界里，只有上课学习，学习上课，跟其他小朋友少有时间相处，从而和其他小朋友存在一定的陌生感，这并不是病。

医生的话给晓刚敲响了警钟。他认为性格内向虽然并没有什么不好，但是性格还是开朗些为宜。为此，晓刚合理地安排潇潇的学习时间，多制造一些机会让潇潇跟小朋友们相处，如定期邀约一些小朋友到家里玩或是一起去旅游，让潇潇慢慢地跟小朋友熟悉起来，玩到一块儿，然后再给他报读了一个“小主持人班”，鼓励他大胆地站上舞台。经过一年多的努力，潇潇的性格渐渐变得开朗、阳光起来。之后，开朗的性格一直伴随着潇潇成长。现在他朋友遍天下，每次去国外旅行，都能交到一些国际友人。也许是因为性格和心态都很好，每一次遇到困难，他都不气馁不灰心，积极地面对，努力寻找解决的方法。晓刚很庆幸自己当初帮儿子塑造了一个好的性格，让儿子的人生之路能够一步一步地走向美好。

一个好的孩子人生蓝图的设计师，是孩子成长的好助手。愿每一位爸爸都能够当好孩子人生美好蓝图的设计师，都能够用爱为孩子铺设一条通向成功的康庄大道，用爱指引着孩子走向光明，走向精彩。

好爸爸箴言：在这个“后应试教育时代”，爸爸身为孩子最最亲密也最最信赖的人之一，必然要为孩子的璀璨人生进行有效的规划和设计，做好孩子的人生设计师，教会孩子做人以及做事，教会孩子更好地生存与发展。

第二辑

好爸爸

是个璞玉的雕琢者

每一个孩子都是一块待雕琢的璞玉，

但要成为一块美玉，必然需要一位能工巧匠加以细致雕琢，

而爸爸便是最好的人选。琢玉是一场修行，

精雕是一门艺术，

愿每一位爸爸都能成为孩子这块璞玉的创造者、

发现者以及雕琢者。

1

好爸爸，认真地打磨孩子

教育是一个循序渐进的过程，同时也是一个持之以恒的过程。

每一个孩子都是一块待雕琢的璞玉，但是，其要成为一块美玉，必然需要一位能工巧匠进行细致雕琢；每一个孩子都是一块简简单单的白画布，但是，其要成为一幅美画，必然需要一位巧手画师进行勾勒上色。不可否认，对孩子而言，爸爸便是天底下最好的“匠师”，最厉害的“画师”。

上个月，侄子杉杉给我打电话说，他的一幅美术作品获得了一个国际书画大赛的金奖，前两天，他又给我打电话报喜，说他顺利考上了市重点高中，并且被编入了重点班。说实话，我对经常收到彬彬的好消息并不感到意外，反而觉得这是必然的事。原因是我对彬彬的优异成绩有信心，对姐夫对彬彬长期以来的教育和打磨有信心。

姐夫跟绝大多数家长一样，对儿子有望子成龙的热切期望，可他也知道，自己的孩子未必天生就是奇才，未必生来就比别人家的孩子聪明，但他相信，只要自己用心打磨孩子、雕琢孩子，终有一天能够把自己的孩子打造成才。这些年，他对儿子的教育可谓用尽了心思，摸索了很多不同的方法，功夫不负有心人，他的教育方法有成效了，这不，儿子捷报频传！为此，亲戚朋友都来向他讨经验，他总结了几个行之有效的培育方法跟大家分享。

璞玉有瑕疵，人也都有缺点。姐夫说："发扬孩子身上的优点，督促孩子改正身上的缺点，这是我重点推荐的一个打磨孩子的方法。不要小看孩子身上的小小的优点，若是加以培养，那个小优点分分钟会变成大特色，孩子能不能出类拔萃很可能是由那个小优点决定的。"

彬彬3岁的时候随意涂鸦都能够成为一幅画，姐夫发现了儿子的小优点之后，马上送他跟专业的美术老师学习，学着学着，这个小优点变成了儿子的一个特长，待他大一些了，在老师的推荐下，他让儿子参加各种美术比赛，有校级的、市级的、自治区级的、国家级的，后来彬彬还参加了好几次国际级别的绘画大赛，从参与奖一路拿到金奖，过程虽然辛苦，但是孩子很享受，姐夫也因此感到很幸福。

对于缺点，姐夫说不要小看孩子的任何一个不起眼的小缺点，它有可能是致命的。彬彬有个缺点——自以为是。在他刚被爸爸送到美术启蒙班学习时，他看到提高班的哥哥姐姐们的作品被送到图书馆进行展览，就回家选了几幅自己的涂鸦作品拿给老师，说也要参加展览。老师很委婉地拒绝了他，并向他解释说，哥哥姐姐们被拿去展览的作品是参加比赛得了奖的，是经过评委们精心挑选的，不是随便一幅作品就能拿去展览的。彬彬对于老师的解释并不满意，他坚持认为自己的作品很好，坚持让老师拿去展览。老师对此表示很无奈，他便哭，便闹。姐夫知道了这事之后，并没有急着批评儿子不自量力，而是让他带着自己的画到画展现场对每一幅画进行点评，并让他拿自己的画跟那些哥哥姐姐们的画进行比较。俗话说："没有对比就没有差距"，侄子再怎么自以为是，在鲜明的对比下，也只好低下骄傲自大的头。之后，姐夫时不时以故事说教的方式让儿子慢慢地变得谦虚起来，逐渐将自以为是这一缺点改掉了。

姐夫说："理想能够带给人不竭的动力，能够带给人无比美好的希望，能够带给人无限的勇气去面对一切未知的困难和挫折。所以，我选择放飞孩子，尽最大的努力创造良好的条件和环境让孩子无所顾忌地为他的理想奋斗。"

当姐夫知道儿子的理想是当画家时，便毫不犹豫地将自己的书房改造成一间画室，为儿子双手奉上各种各样的绘画工具——水粉、颜料、纸张；儿子说想在客厅雪白的墙上涂鸦作画，他极力配合，把客厅的家具挪开让儿子尽情画；放假了，儿子说想要外出旅游写生，姐夫就充当司机或是助手，陪着儿子四处游历写生……正是因为姐夫无条件地支持和付出，彬彬才能够心无旁骛地去学、去画，去参加比赛拿奖杯。

打磨孩子的目的在于促其成才，正是因为家长们太想孩子成才了，所以恨不得对孩子进行贴身管教和培育，恨不得屏蔽一切影响孩子学习的事和物，让孩子能够一门心思埋头苦学。

姐夫说：“松弛得当的教育更有利于孩子的成长，适时放手让孩子做一些自己想做的事，对孩子的生存和发展更有益处。”

很多朋友以为彬彬24小时除了吃饭、睡觉就是学习和绘画。这怎么可能呢！彬彬还是个孩子，孩子的天性是玩，彬彬也不例外。每天放学完成作业之后，他会抽出一小段时间练习画画，其余的时间跟其他小朋友一样，下楼找小伙伴们玩，节假日也会约上小朋友一起去游乐场打游戏，寒暑假也会有选择地参加一些夏令营、冬令营，增强自己的自理能力、生活能力，等等。毕竟，社会不是封闭的，只是学习，或者说只会学习，并不利于孩子将来步入社会接受激烈挑战。

世界上绝对没有完全相同的两片叶子，也绝对不会有两个长得完全一模一样的人，但是，打磨孩子的方法、教育孩子的方法、成就孩子的方法却大致相同，希望姐夫多年来积累下来的打磨孩子、培养孩子的方法能够给予爸爸们一些帮助。

俗话说得好："琢玉是一场修行，精雕是一门艺术"，打磨孩子不是一蹴而就的，需要经历一个漫长且艰苦卓绝的过程。愿每一位爸爸都能够用真心和真爱、用智慧和技巧打磨孩子，成为孩子这块璞玉的创造者、发现者以及雕琢者。

好爸爸箴言：不管孩子是一块璞玉还是一张白画布，那都是他最初的状态。不过有爸爸这个"匠人"、这个"画师"在，经过爸爸一双巧手精心打磨和创造，孩子必然有一天会绽放出光芒成为一块美玉，绽放出光彩成为一幅美画。

2

好爸爸，教孩子将爱心传递

爱由心生，家长对孩子的爱是超越一切的，而孩子对家长的爱却是一种天性，那么孩子对其他人会不会也抱着一颗有爱的心呢?

现在的孩子，尤其是独生子女，集万千宠爱于一身，被骄纵惯了，普遍缺乏爱心和同情心，不会关心他人。这对孩子的成长是有百害而无一利的。俗语说：“爱是人类最伟大的情感，是所有高尚品质和美好道德的核心所在。”爱心的培养对孩子道德建设以及人格健全发展有极其重要的意义。所以在孩子的成长过程中，爸爸务必要做好爱心传递教育，把孩子培养成一个懂得爱、珍惜爱、有责任心的拥有健全人格的人。

前段时间老同学聚会，席间大家聊到孩子的教育问题。老同学张昊说，他跟妻子工作很忙，节假日加班是常有的事，所以儿子金金在3岁之前，全天由父母帮忙带。3岁之后，儿子上幼儿园了，夫妻二人能够安排时间自己接送他了，父母也因为身体原因回老家休养，不再跟他们同住。

张昊以为，3年来同吃同住，金金和爷爷奶奶的关系不会因距离的遥远而变得陌生，可是事实正好相反。他每次让儿子给远方的爷爷奶奶打电话，儿子都是一脸不耐烦，好不容易哄他跟电话那头的老人说说话，他也是问一句答一句，有时还“嗯”“哦”的敷衍爷爷奶奶，让老人家十分伤心。

有一次，爷爷奶奶给金金打电话，金金说要出门找好朋友玩，然后就挂了电话。事后，二老问张昊，是不是因为他们不继续跟他们一起住，不再帮忙接送金金，夫妻俩对他们有意见了，所以教孩子不理他们，不爱他们了？张昊说这真是冤枉啊！他跟妻子从来没有这样的想法，怎么可能这样教孩子呢。被父母这样逼问，张昊感觉到事态的严重性。经过深入分析，张昊觉得儿子是缺乏爱的教育，不懂得爱要传递这个道理。为此，张昊开始采取有效措施和方法对儿子进行爱的教育。

孩子最擅长模仿。张昊充分利用这一特点对儿子进行爱的教育。如在睡前讲故事时，张昊特意跟儿子分享小时候爷爷奶奶辛苦照顾自己的故事，在故事中向儿子传递要爱老人，尊重老人。另外，张昊还常常当着儿子的面给自己的爷爷奶奶打电话，问候他们，关心他们，跟他们说说暖心话，给他们讲讲自己工作、生活上的事，并承诺有时间回去看望二老，让二老安心养身体等他回家。张昊说到也做到了。只要有时间，张昊便驾车带上老婆、孩子去乡下住几天，陪老人家唠唠嗑儿。通过言传身教，张昊为儿子树立了尊老爱老的好榜样，渐渐地，儿子也学会了尊重和爱护自己的爷爷奶奶，时常主动要求打电话跟爷爷奶奶聊天，放暑假了还让爸爸妈妈送他跟爷爷奶奶小住一段时间。

爸爸发自内心的爱与关怀，通过情绪、行为以及态度明显地表现出来，具有极好的榜样示范作用，能够使孩子潜移默化地受到教育和感染。

爱，包含着大爱和小爱。小爱，是爱家、爱亲人；大爱，是爱祖国、爱社会、爱他人。爱的教育，不仅要教会孩子有小爱，更要教会孩子拥有大爱，而且，爱不能限于口头上，付诸行动才算是真爱。

为了让儿子能够心中有大爱，能够将心中的爱变为身边的爱，张昊经常带儿子参加一些公益活动，引导儿子将自己的零花钱捐给有需要的人，也时常让儿子动手整理一些旧衣物、旧玩具、旧书本送给偏远山区物资缺乏的孩子们，他告诉儿子，这种行为叫作“献爱心”，是一种善良的行为，是一种大爱无疆的行为。

别以为孩子爱老人、懂得献爱心了就真正掌握了爱的真谛，真正领悟了什么是爱。爱，看起来很虚，实际上是很实的，是由生活中的点滴之爱汇聚而成的。张昊以为对儿子进行了一段时间的爱的教育后，儿子能够真正做到爱由心生了，可是几件小事让他感觉到自己对儿子进行的爱的教育不够深刻。

一次，他跟儿子在小区里散步，看到一个约三四岁的小朋友摔倒了，儿子取笑道：“真笨，跑步还会摔倒！”又一次，邻居家的小朋友娜娜到家里玩，他儿子把玩具房门关起来，说娜娜进去会玩坏他的玩具。张昊说，通过这两件事，他明显感觉到儿子不仅缺乏关爱行为，缺乏同情心，还不宽容爱计较。这是一种不健全的人格发展，要及时地进行纠正。

为此，张昊找了很多类似的故事讲给儿子听，同时还拉上妻子跟他一起进行情景演示。比如，他扮演一只小老鼠，妻子扮演小老鼠的同伴，两只老鼠在路边玩着玩着看到不远处有两块面包，相约一起搬运面包回家，途中同伴摔倒了，面包掉地上了，小老鼠不但不去帮忙，还在一旁取笑同伴“走路不看路，活该挨摔”，同伴一边哭一边抱起面包跑回家，从此以后再也不跟小老鼠一起玩了。小老鼠一个人孤零零的，没有朋友。情景演示完毕，张昊告诉儿子，小朋友们不喜欢跟像小老鼠这样看到同伴摔倒了不扶一把，不帮忙捡东西的小朋友玩。通过这种绘声绘色的表演说教方法对儿子进行广泛细致的爱的教育，张昊把儿子逐步培养成有同情心、宽容、少计较的好孩子。

爱的教育，是一种感化人、启发人的整体人格教育。

这种教育没有固定的模式和方法，除了张昊介绍的几个方法外，爸爸们也可以根据孩子的情况采取一些不同的方法进行教育。如果觉得仅凭家庭一方之力无法达到良好的效果，可以跟学校进行有效沟通，通过“家园共育”的方法，从生活中的点滴小事做起，强化爱的教育，使孩子从小就具有关爱行为和行动，让爱在孩子身上得到传递。

好爸爸箴言：爱心的培养对孩子道德建设以及人格健全发展有着极其重要的意义。身为孩子的监护人，爸爸务必要教育孩子多一份爱心，少一些冷漠，多一分宽容，少一些计较，努力把孩子培养成懂得爱、珍惜爱、有责任心的拥有健全人格的人。

3

好爸爸，让孩子拥有一颗好奇的心

相信很多家长朋友们都注意到了，孩子喜欢追着大人问“这个是什么”“为什么会这样”“那要怎么办呢”这些问题。是的，孩提时代是人一生之中好奇心最为强烈的时期，几乎每一个孩子都是在“是什么”“为什么”等问题的陪伴下慢慢长大的。或许有些家长会觉得孩子老问“为什么”很烦，一句“不要问那么多”就把孩子打发了，殊不知，这样扼杀了孩子的好奇心，对孩子的成长和探索是极为不利的。

爱因斯坦曾说：“我没有别的天赋，我只有强烈的好奇心；我没有别的才能，只喜欢寻根究底地追问问题罢了。”好奇心是开启孩子心智的钥匙。孩子一遍遍地问“为什么”，是寻根问底的开端，是一遍遍思考的过程，如果你耐心回答孩子的问题，引导孩子通过查阅资料或是动手进行实验找到问题的答案，那么孩子就会很有成就感，会更有信心和乐趣探索一些未知的奥秘，这对培养孩子的求知欲望和探索精神很有帮助。所以，对孩子寄予厚望的爸爸们要着重培养和保护孩子的好奇心，让孩子在好奇心的驱使下研究大自然的奥秘，探索未知的世界。在这方面，我家曦爸做得很好。

首先，曦爸注意保护女儿的好奇心，对女儿的好奇和疑问给予大力支持和鼓励，不随意否定也不随意打发女儿，对孩子的好奇和疑问表示赞赏。即便女儿的探索行为具有一定的破坏性，也不一味地扼杀，而是通过一定的引导，将女儿不良探索行为的破坏性降到最低。

为了让女儿更好地认识刷牙的重要性，曦爸给当时2岁多的女儿讲了一个小朋友不爱刷牙使得牙齿长虫的故事，讲完之后，女儿问他牙刷除了刷牙之外还能用来做什么？曦爸说："不再用来刷牙的牙刷可以拿来刷鞋子。"女儿点点头走了。不一会儿，曦爸听到厕所有水声，走进去看到女儿正在用他的牙刷刷马桶。

遇到这种情况，很多爸爸的第一反应应该是很生气吧，居然拿爸爸的牙刷刷马桶，接着就喝止孩子的捣蛋行为。可是曦爸当时并没有生气，也没有喝止女儿，而是温和地问女儿为什么要拿爸爸的牙刷刷马桶。女儿回答说："牙刷除了用来刷牙、刷鞋子，还可以用来刷马桶哦。"然后女儿用欣喜的眼神望着爸爸说："爸爸你看，你用来刷牙的牙刷可以拿来刷马桶哦，那也可以用来刷鞋子吧？不用的牙刷妈妈都丢了，下次妈妈洗鞋子的时候肯定没有牙刷用，那我就可以拿漱口杯里的牙刷给她刷鞋子了！"

女儿的这个做法令我们大人哭笑不得，但是对她来说，是发现了"新大陆"——发现了牙刷的新用处，帮助妈妈解决了一个问题。对于女儿这个具有一定破坏性的"探索行为"，曦爸是这样做的：先表扬女儿想到用牙刷刷马桶是个好办法，然后再耐心跟女儿解释，将不再用于刷牙的牙刷拿来刷鞋子，是废物利用，是一种节约行为，可是用还可以刷牙的牙刷刷马桶就有些浪费了。这样，既保护了女儿的探索行为和好奇心，又让孩子学到了节约的新知识，一举两得。

再则，曦爸支持孩子随时向他提问，即使是听起来很天真、很傻甚至很怪的问题，他都乐意解答。有一次，曦爸带女儿去动物园，看到一只大熊猫带着一只小熊猫在散步，她问爸爸："为什么大熊猫不带小老虎散步，要带小熊猫散步啊？"曦爸回答说："因为小熊猫是它的宝宝，小老虎不是啊。"女儿又问："多多不是妈妈的宝宝，妈妈为什么要带多多跟我一起去散步呢？"曦爸听罢并没有不耐烦，而是很耐心地解答了女儿的疑问。

对于孩子提的那些听起来似乎有点儿怪异、有点儿傻的问题，爸爸不能取笑，不能置之不理，更不能斥责孩子，要认真对待认真作答。不然，孩子以后会把问题憋在心里不再发问，久而久之，就失去了好奇心，失去了执着探究问题的信心了。

很多时候，孩子也会提出一些比较深奥、含金量比较高的问题，爸爸们未必能够答得上来或者根本无法三言两语解释清楚，面对这种情况，爸爸更不能敷衍孩子，随便地搪塞，要跟孩子共同研究、共同解决。有一次，女儿突然望着天上飞翔的鸟儿问爸爸，为什么鸟儿能在空中飞，飞机也能在空中飞，而人却不能在空中飞呢？曦爸一时间没办法用简单的话回答这个问题，不过他并未随便说两句打消女儿探知的念头，而是找了很多能够解释这两个问题的绘本和电视节目跟女儿一起看，让女儿慢慢地了解。

榜样的力量是无穷大的。为了激发孩子的好奇心，让孩子能够随时发现问题、提出问题，有时候曦爸故意装不懂问女儿“为什么”，让女儿解答疑惑。遇到自己真正不知道或是不熟悉的事物，他会拉上女儿一起跟他找答案。在他的影响之下，女儿的脑袋里装满了“十万个为什么”，每天都有新问题问，曦爸也乐此不疲地进行解答。

曦爸还有一个宝贵经验值得推荐给大家，即把家里的一切东西当作他跟女儿做实验的工具和素材。父女俩经常在家里做一些小实验，通过这些实验来解答女儿的疑问，教女儿一些新知识。此外，他还经常利用家里一些闲置的物品，如奶粉罐、空瓶子、空盒子、空箱子等设计制作一些小玩意儿让女儿玩，但是又不告诉女儿该怎么玩，让女儿自己摸索。聪明的女儿常常会将爸爸做的小玩具拆掉重做，有时在好奇心的驱使下，女儿还会在小玩具上加一些小零件，自由地设计，自在地玩耍。

好奇心是创造力和想象力的起点，是改造世界最有力的工具之一。对于孩子而言，好奇心是他们成长过程中一道亮丽的风景，不仅能让他们在漫长的人生旅途中欣赏到别样的美景，更能使他们从这些美景中获取知识，获取发现世界和改造世界的能力。爸爸们务必要重视培养和保护孩子的好奇心、求知欲，并给予大力支持和鼓励，让孩子在好奇心的陪伴下茁壮地成长。

好爸爸箴言：好奇心对开启孩子的心智，培养孩子的兴趣有着至关重要的作用。爸爸一定要保护好孩子们那颗藏着无数个“是什么”和“为什么”的好奇之心，鼓励并支持他们勇敢地去探索未知的世界，去认识和感受世界的绚丽多姿。

4

好爸爸，给孩子一双善于观察的眼睛

善于观察是孩子智力发展的基础，是提高孩子学习与创造力的基础。如果从小就培养孩子观察生活、观察事物、探索世界奥秘的能力，对孩子的成长和成才必然有推动作用。

观察是开启智慧之门的钥匙，是孩子求知的重要方法之一。希望孩子在求知路上越走越深入的爸爸们，不仅要保护好孩子的观察力和洞察力，更要激发孩子对观察产生浓厚的兴趣，且还要逐步引导孩子有目的、有计划、有规律地进行系统观察。

大学同学莫克说：“懂得观察的眼，才是聪慧的眼，我希望我的一双儿女从小就能够拥有一双慧眼。”所以，他格外注意培养孩子的观察力。

有些家长认为观察力的培养需要专业培训机构帮助，故花钱送孩子去一些以提高孩子观察力为卖点的早教机构学习。虽然这不失为一种方法，但是一旦把培养观察力搬进四四方方的教室课堂，就显得有些局促、不自由，且又具有一定的压力。观察力的培养是一项实践性非常强的工作，需要在比较广阔的环境下结合具体的观察行为来进行，其主要的训练场还是日常生活，这样更具有延展性，且随时随地都可能成为“教学点”。莫克没有花钱把孩子送早教机构进行观察力培养，而是自己亲力亲为设计“教学方案”培养孩子的观察力。

莫克培养孩子观察力的第一步是带孩子旅游。每逢假期，不管是长假还是短假，他都会安排一次全家旅行，且每到一个地方，必然要带孩子参观各种博物馆。他说，带孩子参观各种博物馆是最快也是最直观地了解和研究一个地方风土人情的方法，也是让孩子观察一个地方有别于其他地方的最好方法。去年，他带儿女去韩国济州岛玩，每天每餐都有泡菜，在离开济州岛准备飞往韩国首都首尔时，他问两个孩子在济州岛待的几天里，有没有观察到韩国的饮食跟我们国家有不一样的。在他的提示下，孩子提到了韩国泡菜。为了能够直观地培养孩子多观察、多比较、多分析的能力，在到了首尔之后，他即刻带孩子参观泡菜博物馆，让孩子了解韩国国粹——泡菜的全部制作过程，以此进一步提高孩子的观察能力。

一般来讲，孩子观察事物并不具有随意性，而是受兴趣的影响比较大。莫克的儿子路路比较喜欢车，不管是走在路上还是坐在车上，他的双眼都离不开过往的车辆，不到4岁，他看一眼行驶而过的车，就能够说出车的型号、产地和性能等。莫克的女儿纱纱喜欢建筑，虽然看到的各国建筑有限，但是，她让爸爸给她买了很多有关各种建筑物的图书绘本，才上小学一年级的她就能说出世界各国的建筑特点，到一个陌生的城市，一眼就能看出这个城市标志性建筑物的建筑风格。莫克围绕孩子的兴趣点，不断地引导他们延伸和扩展自己的兴趣范围，以此来提高孩子主动观察的欲望和能力，不断丰富孩子的观察内容。儿子喜欢车子，他就慢慢引导儿子喜欢上车子所属的大类——交通工具，让儿子的观察点和注意力不断地拓展开来。女儿喜欢建筑，他就引导女儿喜欢上土地庄园，让女儿在观察建筑物的同时，也注意观察土地等。

有些家长有一个认识误区，即认为观察只能靠视觉来完成，其实不然。我们还可以鼓励孩子用听觉、触觉或是其他的知觉形式观察事物、了解事物。比如观察汽车，光是看外形，你对车子的认识和印象就只能停留在外观上，你若是仔细听听它的轰鸣声，或有机会摸摸它的外壳，摸摸它的方向盘等，才能更直观、更具体、更深入地了解这辆车。

女儿跟莫克说，将来长大了想当一名建筑师，莫克就鼓励她在观察建筑物外观的同时还要用手去触摸，这样才能了解到建筑物的用材和设计特点，进一步认识它和了解它。此外，莫克还常常鼓励女儿用笔勾勒建筑物，用线条和色彩加深对建筑物的认识和了解。

培养孩子观察力，有一点很重要——陪伴。陪伴在孩子未知的观察路上，有十分重要的引导、帮助和推动作用。在观察事物的过程中，孩子心中往往会有很多疑问，有家长的陪伴，孩子会及时地将心中的问题抛出，这个时候家长就要担当起答疑解惑的角色，尽力解答孩子的疑问。在解答完之后，若是还不忘给予孩子一些赞赏的语言，如观察仔细等，孩子心中便会滋生出成就感，在成就感的推动下，孩子将会更加注意观察和发现问题。

如果孩子问的问题你一时之间无法回答，那也没关系，跟孩子一起寻找解惑的办法。不管是去问老师还是查找资料答疑，若是你能够一直陪着孩子，那么孩子便会更加有信心和勇气攻克难关，如果你的孩子已经就读小学高年级或是已经是中学生、大学生了，你可以放手让他们自己解决问题，适时地支持他、鼓励他、帮助他即可。

给孩子提供观察材料也是培养观察力的一种好方法。莫克经常买一些比较特别的玩具让儿女们研究和观察，有需要时，他还跟孩子一起把玩具拆了观察其内部结构。另外，在孩子进行观察时，莫克还会在一旁围绕着孩子所观察的事物或是现象，讲解与之有关的科学道理或是一些有趣的传说和故事，让孩子更加有兴趣研究此事物。总之，为孩子创造观察条件莫克义不容辞，舍得花钱也舍得花时间，同时也十分具有耐心。

俗话说得好，拥有一双善于观察的眼睛，便拥有了一个不一样的世界。是的，观察力对孩子的智力发展有着决定性作用，对孩子的想象力和思维发展也有十分重要的意义，可以说，孩子获取知识和发现事物靠的就是“观察力”这个纽带。每一位对孩子寄予厚望的爸爸务必要通过日常生活中的小细节，帮助孩子建立和养成善于观察的好习惯，使孩子拥有一双聪慧的眼，一个美好的世界。

好爸爸箴言： 拥有一双善于观察的眼，便拥有了一个不一样的世界。善于观察，是提升孩子学习和创造能力的聚焦点。每一位对孩子寄予厚望的爸爸都务必要通过日常生活中每一个小细节去帮助孩子建立和养成善于观察的好习惯，使孩子拥有一双聪慧的眼，一个美好的世界。

5

好爸爸，带给孩子一颗感恩的心

孩子是家长的掌中宝，家长对孩子的爱和付出是无私的，是不求回报的。这些爱和付出使得有些孩子觉得爸爸妈妈对自己所做的一切都是应该的，是天经地义的，所以他们不懂得孝敬长辈，不懂得感恩父母，以自我为中心，任性霸道，完全不顾身边人的感受……这样的孩子，若不及时对其进行感恩教育，会成为家长毕生最失败的一件“作品”。

感恩不仅是一种生活态度，更是一种传统美德。故爸爸妈妈务必要注意从小培养孩子拥有一颗感恩的心，让孩子将感恩当成一种习惯渗透于日常生活中，让孩子将感恩当成一种责任和义务承担并传承下去。

去年暑假，同事晓峰哥报了一个旅行团带孩子去越南和泰国旅游。因为这两个国家是小费制国家，所以临别前导游提醒团友们，为辛苦服务了几天的司机大哥和副导游准备好小费，晓峰哥按照导游提示的数目准备好钱，可是他9岁的儿子杨杨却不让他给。杨杨说，凭什么要给他们小费，他们为我们服务是应该的。晓峰哥跟杨杨解释说：“这几天开车带我们去各个景点玩的司机叔叔和副导游哥哥是没有基本工资的，他们的收入就是团友们给的小费，他们为我们提供了服务，我们要尊重他们，更要感谢他们的辛勤付出，故给他们一点小费以示感激，这在小费制国家是很正常、很普遍的事。”杨杨听罢爸爸的话后，还是一脸的不愿意，最后在晓峰哥的极力劝说下，杨杨勉强同意了。这件事让晓峰哥看到儿子身上存在一个很大的缺点——缺乏感恩的心。旅游回来之后，晓峰哥开始对儿子进行感恩教育。

要让孩子学会感恩，必须先给孩子表达爱的机会，因为爱也是一种感恩。因此，晓峰哥对儿子进行感恩教育采用的第一个方法是给孩子制造一个充分表达爱的机会。一天，杨杨妈感冒发烧了，晕乎乎地躺在床上，晓峰哥把杨杨叫到厨房，教他熬粥给妈妈吃。当杨杨将自己熬的粥双手捧给妈妈吃的时候，妈妈流出了眼泪。看到妈妈流眼泪，杨杨自己也很感动，低下头默默地擦眼泪。晓峰哥趁机教导杨杨要懂得感恩，感谢妈妈把他带到这个美好的世界，感谢妈妈这些年来对他的悉心照顾。听了爸爸的话，杨杨点点头说，妈妈对他的恩情，他会永远铭记于心，会用一辈子来回报。

培养孩子有感恩的心要让孩子养成良好的感恩习惯，晓峰哥是以"让孩子浸泡在感恩的环境里"来促使杨杨把感恩当成一种习惯的。如杨杨妈帮晓峰哥叠衣服，晓峰哥大声地对杨杨妈说"谢谢"；晓峰哥在杨杨妈生日双手奉上一份小礼物时，杨杨妈当着杨杨的面大声地说"谢谢"……通过晓峰哥和杨杨妈身体力行的示范，杨杨在充满感恩之声的家庭环境里深受熏陶，渐渐地将感恩存于心间，并用于行动中。

中国的节日众多，以节日作为感恩教育的载体，对孩子进行感恩教育也是一个很不错的方法。如过春节时，亲属们会给孩子们压岁钱，晓峰哥除了教儿子在收取红包时大声说感谢之外，他还跟杨杨说，亲属们给的压岁钱不仅是钱还是一份祝福，所以要存好压岁钱，珍惜亲属们对自己的祝福。再如教师节的时候，晓峰哥会跟杨杨一起准备一份礼物，画一幅画或者录一首诗送给他喜欢的老师，祝福老师身体健康、家庭幸福……

感恩教育要让孩子学会给予。晓峰哥说，虽然他常常跟儿子说“自己的事情要自己做”，但是有些时候，他还是会叫儿子帮忙做一些力所能及的事，比如让孩子给自己或者妈妈盛饭，或者让孩子帮忙晾衣服、收衣服等，通过这些事情让孩子学会给予，告诉孩子，你给予别人和别人帮助你都是一种恩惠，是一种情感的付出，要尊重和感恩这种付出。

感恩不仅要学会感恩身边的人，更要学会感恩陌生人。为了让儿子感恩的心扩大到社会人群，晓峰哥带儿子报名参加了学校组织的爱心扶贫队。

一次，他们去一个穷苦山村看望贫困儿童。他们先坐了两个小时的动车到县城，然后再坐四个多小时的大巴来到村口，但是，到了村口车子开不进去了，他们只好下车步行入村，大概走了一个多小时才看到第一户贫困家庭——矮矮小小的黄泥房，满脸黑乎乎脏兮兮的小朋友，他儿子看了一眼恨不得马上掉头就走，远离这个穷乡僻壤。看到儿子厌恶的表情，晓峰哥开始对儿子进行感恩教育。晓峰哥告诉儿子，这里的人祖祖辈辈都没离开这个大山，他们世世代代都在大山里耕田种地，为大家能够吃上白米饭“日出而作日落而息”，因为离县城太远了，连一条通到家门口的大路都没有，现代化的设施根本运不进来，所以他们的生活环境和生活条件才如此艰苦。没有他们吃苦耐劳在田地里辛苦劳作，我们怎么能吃到白花花的大米饭呢？我们要感谢他们，尽力帮助他们解决一些实际困难，让他们的生活过得好一些。晓峰哥说，那次爱心扶贫经历给儿子触动非常大，从那个小山村回来后他变得更加尊重他人，对陌生人也能够心存感激了。

感恩，不是简单回报父母的养育之恩，对身边的亲朋好友给予的帮助表示感激之情，它是一种社会责任，一种自立意识，是健全人格的具体表现。身为孩子的人生导师，爸爸们一定要加强对孩子的感恩教育，让孩子在好品质、好行为的推动下，健康快乐地成长。

好爸爸箴言：感恩不仅仅是一种生活态度，更是一种传统美德。从小培养孩子拥有一颗感恩的心，让孩子将感恩当成一种习惯渗透于日常生活之中，使孩子学会孝敬父母长辈，尊重他人，珍惜他人的情感，感激他人的付出，才能使孩子成为父母毕生最成功的作品。

第三辑

好爸爸

是最值得孩子信赖的人

遇到困难和危险的时候，孩子首先会想到谁？开心快乐的时候，孩子最想跟谁分享？是爸爸！爸爸就是孩子的天，就是孩子的地，是孩子心目中最值得信赖的人。

爸爸的胸怀是宽广的，能够包容孩子的一切；爸爸的拥抱是温暖的，能够带给孩子安全感和舒适感；爸爸的言语是温馨的，能够温暖孩子幼小的心灵。

1

好爸爸，是孩子的赏识者

“你怎么那么笨啊，怎么学都学不会！”“都不知道你上课干什么了，这么简单的题目都不会做！”“花了那么多钱请老师给你补习，结果还是考得一塌糊涂，你有没有脑子啊？”常常听到一些家长这样训斥自己孩子。或许，家长们真是太着急了，才会对孩子说出这种带有伤害性的语言。

有人说：“批评多于鼓励，甚至要动用一些刺激性的语言，才能引起孩子的重视，才能让孩子记忆深刻，才能达到教育的目的。”其实不然。大家有没有听说过周弘，他是“中国第一位觉醒的父亲”。为什么说他是“觉醒的父亲”

呢？因为他用20年的时间探索出一种新的教育方法，即赏识教育。

赏识教育是指通过一定的方式、方法，如心理暗示、语言表达、行为表现等充分肯定孩子，给予孩子充分的自尊心和自信心，从而激发孩子勇于进取、不断进步。简单来说，赏识教育是一种正面的激励行为。爸爸可以通过赏识孩子，发现孩子的优点和特长，挖掘出孩子潜在的创造力，帮助孩子扬长避短，更好地成长。

悠悠的爸爸是一位赏识教育的推崇者，之所以推崇赏识教育，这跟他小时候的经历有关。他的父亲是一位教师，对他要求十分严格，哪怕他有一丁点儿达不到父亲的要求，都必然要受到严厉的责罚。如果仅仅是体罚，他并无怨言，但是他的父亲在体罚他之前，会用一些非常难听的语言来攻击他，骂过他无数次“笨蛋”，说过无数次“宁愿少生一个蠢儿子”伤人自尊的话。虽然他不恨父亲，但是却变得越来越叛逆，越来越不听话，大二的时候居然任性退学浪迹天涯。还好，他遇到了一个好老师，及时把他劝回学校继续未完的学业，不然，后果无法想象。所以，当他成了家，当了爸爸之后，坚决不采用责骂式方法教育孩子，而是采用赏识教育法教育孩子。

悠悠爸爸说，孩子某一个科目学得不好或是某一件事做得不好，并不是因为孩子不够聪明或是不够用心，极有可能是因为条件有限或是能力不足暂时无法达到老师或家长的要求，这个时候，如果家长用刺激性的语言责骂孩子，会造成孩子心理压力过大，使得孩子丧失自信心，之后不再努力学习，甚至会像他一样慢慢地产生反叛行为。如果家长采取赏识教育法教育孩子，能增强孩子的自信心，使孩子更加有信心和勇气面对自己的不足，不断地改进自己，使自己慢慢地获得进步。

该怎样进行赏识教育呢？有没有约定俗成的方法供大家借鉴呢?

赏识教育第一个要点是沟通。悠悠爸爸总结的沟通步骤有三个，一是鼓励，二是安慰，三是克服。悠悠爸爸发现女儿的数学不好，每次测验都徘徊在90分以下，虽然心里为女儿数学成绩提不高担忧、焦急，但是他并未责怪女儿，而是先跟女儿进行有效沟通。怎么沟通呢？答案是用赞赏搭建起沟通的桥梁。他先表扬女儿的作文写得好，英语口语很不错，鼓励女儿再接再厉，争取获得更大的进步。然后再问女儿，数学是不是有点儿难？老师讲课的内容是否能听得懂？然后才把话题引到数学测验上。他问女儿，测验的题目难不难？都会做吗？如果会，为什么错那么多，是不是不细心？如果不会，是因为老师没教过，还是因为老师教过了但是没注意复习而不会做？同时在聊的过程中，安慰女儿失败是人生路上常有的事，要勇于面对。待了解了真实情况之后，再和女儿一起制定方案，克服困难加强学习，争取下一次测验能够拿高分。

赏识教育的第二个要点是不吝啬赞美，且要贯穿于点滴生活中。生活中，悠悠哪怕有一点儿小进步，她爸爸都会表扬她，使她在收获成就感的同时变得更加自信。对于孩子来说，一个期待的眼神，一句鼓励的话语，一个温暖的拥抱，都能够带给他们无限的动力，使他们备感温暖、备受鼓舞。所以，爸爸们要多加留意孩子的点滴进步，要懂得欣赏孩子，适时给予孩子一定的赞美，激发孩子力求上进。

赏识教育的第三个要点是理性地看待赏识教育。有的家长在孩子得了某一个奖项之后，不管任何时候、任何场合都要把孩子得奖的消息散播开来，亲朋好友听了，纷纷赞美孩子，这样做很容易让孩子感到自满。悠悠爸爸在女儿得了一些比较有分量的奖后，也会当着女儿的面在亲朋好友面前赞美女儿，但是次数有限，最多两次。一味地赏识，一味地赞美，对孩子的成长是不利的。虽然激励、夸奖确实要比批评和责罚效果好，但是也不能过度，要有节制，要有原则。

赏识教育的第四个要点是实实在在。孩子某方面做得好，家长表扬是无可厚非的，是理所应当的，但是他做得不怎么好，家长为了给孩子面子而违心地表扬他，只会让孩子活在一个假象里，不利于孩子看清自己、看清事实。一旦有一天他发现自己其实并没有那么优秀，并没有做得那么好时，会很难面对自己、面对家人、面对一切真相。这样很容易把孩子给毁了。

赏识孩子是对孩子最大的鼓励和最大的支持，所以爸爸们一定要及时捕捉孩子的每一个细小进步，对孩子的每一个细微闪光点加以夸奖和鼓励，让孩子在成就感和自豪感的推动下，获得更大的进步、更大的收获。

好爸爸箴言： 赏识孩子就是对孩子最大的鼓励和最大的支持。赏识教育是培养孩子最新同时也是最有成效的利器之一。爸爸可以通过赏识孩子，发现孩子的优点特长，挖掘出孩子潜在的创造力，从而激发孩子勇于进取不断进步。

2

好爸爸，是孩子心灵世界的守护者

儿童心理问题伴随着孩子成长发育的整个过程，是一个不容忽视的大问题，每一位家长都要做好儿童心理保健工作，避免孩子出现不健康的心理。当孩子出现不健康的心理问题，要采取正确方法进行引导和纠正。

有一次开家长会，听到旁边有两个小男生在聊天。一个说："我最不喜欢跟利利、阳阳和添添玩了！"另一个问道："你为什么不爱跟他们玩呢？"那个男生答："利利家的房子好小，阳阳爸爸不是领导干部，添添爸爸的车好便宜！我才不要跟这样的孩子玩！"听罢他们的对话，我心里堵得慌。小小年纪，竟然这样选择小伙伴，竟然能说出这样带有鄙视意味的话。童心童语，不该像树叶上滚动着的露珠那般清澈和纯净吗？为什么会像充满了黄沙的浪那般浑浊呢？

其实，孩子的心灵原本是纯净的，但是由于生活环境和社会环境变得日益复杂，使得孩子的心灵世界开始慢慢被污化。爸爸身为孩子的引路人，一定要做孩子圣洁心灵的守护者，让其远离污染物，永远保持一份纯净和清澈。

文友路易有一次去接女儿姗姗放学，因学校门口修路不让停车，他就把车停在旁边街道，下车步行去学校接女儿。来到校门口，他没看到女儿，就到校园里去找女儿。当他看到女儿跟两个同学坐在台阶上聊天，才松了一口气。可是当他听到女儿跟同学的对话内容时，心里很不是滋味。一个女生说："天天有人请我爸爸吃饭，求他办事，真是忙坏他了，都没有时间来接我，总是叫司机来接我。"另一个女生说："我爸爸是公司的董事，天天忙着出差，也没空来接我，都是我家保姆来接我。"姗姗叹了口气，接过大家的话题说："你们这是在炫爸爸吗？你们的爸爸个个是大老板，哪里有空来接你们啊？我爸爸经常有空来接我，我应该高兴还是应该不高兴呢！”

听了女儿和同学的对话内容，路易虽然心里五味杂陈，但还是接过女儿的话说：“孩子的成长过程只有一次，爸爸多些参与、多些陪伴不好吗？”听路易这样说，姗姗的同学们似乎并不认同，她们白了路易一眼，走了。姗姗看到爸爸并未热情地和爸爸打招呼，只是说了句：“走吧！”然后头也不回地向学校门口走去。上车之后，女儿一脸嫌弃地说：“幸好爸爸把车停这么远，不然让同学们看到我们家还没有把这辆破车换掉，又要笑话我了。”

听女儿这样说，路易气不打一处来，真想一巴掌打醒女儿。他暗自问自己：女儿怎么能说出这样的话呢？她以前多单纯啊！不会跟同学们比爸爸的官职，比爸爸的收入，比爸爸的车！现在简直就像变了一个人！

后来，路易经过仔细分析，觉得是女儿所生活的大环境污染了她的心灵，他开始想方设法洗涤和保护女儿的心灵。首先，他跟女儿进行了一次长谈，明确地告诉她，每一位家长所做的工作，不管职位的高与低，都是在为社会做贡献，都是在实现自我的人生价值，不应该羡慕同学的爸爸是个大官、羡慕同学家里有钱，同学之间的竞争点应该放在学习上。之后，他跟女儿的班主任进行了有效沟通，建议班主任老师开展相关主题班会对学生进行教导，在家长和老师的共同努力下，女儿被污染的心灵逐渐变得干净。

孩子的健康成长，既包括身体上的，也包括心理上的。现代社会竞争太激烈，学业压力太大，不少低年级的小朋友已经出现了心理健康问题。如焦虑、恐惧、攻击他人等，这就需要爸爸们多加注意，一旦发现孩子有心理健康问题，应及时引导和纠正，必要时还要积极进行治疗。

朋友王蒙的儿子鲁鲁5岁了，很不受小朋友们欢迎，邻居的小朋友和幼儿园的小朋友都不爱跟他玩，有的甚至一看到他就躲得远远的。原因是鲁鲁喜欢攻击他人，动不动就踢人、打人，甚至还会用牙齿咬人，爸爸教育他很多次了，可他还是改不掉这个毛病，学校老师建议王蒙带鲁鲁去看心理医生。于是，王蒙带儿子去看心理医生。心理医生分析说，鲁鲁从小在乡下老家跟爷爷奶奶居住，很少见到爸爸妈妈，内心缺乏安全感。上了幼儿园被爸爸妈妈接到市里一起住，但是，爸爸妈妈还是没有时间陪他，请了一个阿姨接送他上幼儿园。他每天看到爸爸妈妈早出晚归，心里有着深重的无力感——无法帮助爸爸妈妈减轻负担，只好用攻击行为发泄内心的苦闷。为此，医生建议王蒙多抽些时间陪孩子，给孩子充分的安全感，同时，也要告诉孩子，攻击行为并不是解决问题的办法，引导孩子用正确的方法，如画画、唱歌、运动等方式来发泄心中的苦闷。

此外，很多家长发现孩子存在心理行为障碍，如睡眠障碍、超级电视迷、随时随地发脾气、注意力不集中，等等。孩子发育成熟需要很长一段时间，在发育的过程中出现一定的心理行为障碍是很正常的，当孩子出现这些心理行为障碍时，家长要进行约束和干预，且越早干预越早进行约束，越容易改善孩子的行为习惯。我们家晨曦5岁的时候有段时间有睡眠障碍，不管是晚间还是午间，躺在床上一个小时都不能进入睡眠状态。曦爸便在她躺上床之后放催眠曲，同时还给她按摩，让她的身体和心灵完全放松，尽快入睡。如此坚持了一个星期，她的睡眠障碍明显得到了改善。

孩子是国家和民族的希望，每位家长都希望将其培养成一个拥有健康体魄和优异成绩的人，同时，家长也要注意培养其拥有健康的灵魂、健康的心态和健全的人格，要注意保护孩子的心灵世界，尽可能满足孩子的心灵需求，使孩子生理和心理均能够健康发展，将来成为国家的栋梁之材。

好爸爸箴言：孩子，不仅要将其培养成一个拥有健康的体魄和优异成绩的人，更要培养其拥有健康的灵魂，健康的心态和健全的人格。爸爸们要注意保护孩子的心灵世界，尽量满足孩子的心灵需求，使孩子的生理和心理均能健康全面地发展。

3

好爸爸，是孩子自尊心的保护者

有人说，人的心灵世界是靠强大的自尊心来支撑的。是的，自尊心可以带给人自信，可以使人在迷茫之中寻找到前进的方向，可以使人在逆境之中奋勇抗争走上一条康庄大道。自尊心是一种道德心理，是任何人都具有的一种与生俱来的心理状态，其对孩子的成长和人生经历有着极其重要的作用。正如英国著名作家毛姆所说："自尊心是一种美德，是促进一个人不断向上发展的一种原动力。"所以，爸爸们务必要做孩子自尊心的保护者，只有保护好孩子的自尊心，才能使孩子变得更加自信，更加积极努力地追求进步进而改变自己的命运。

朋友陈成6岁的儿子陈功原本是一个很活泼开朗的孩子，可是不知道从什么时候开始，他开始变得沉默寡言了，问一句答一句，有时干脆低头不答，也不爱跟同学们一起玩了。陈成觉得儿子这样孤僻下去，对他的健康成长非常不利，于是努力查找原因。据接送儿子上学的保姆阿姨回忆，有一天放学她去接陈功的时候，陈功说他被同学们取笑和被老师狠狠地批评了，他请求阿姨不要将这件事告诉爸爸妈妈。那次之后，本来上学、放学路上总爱叽叽喳喳说个不停的陈功不再爱说话了，阿姨以为是因为他长大了，懂事了呢。

陈成知道这件事之后，马上找儿子的班主任询问当天到底发生了什么事。班主任说那天陈功上语文课的时候尿裤子，语文老师当着全班同学的面教育他：今后上课的时候若是内急，一定要及时举手告诉老师要去上厕所。课间的时候，同学们笑他上一年级了还尿裤子，说他不应该上一年级，应该回幼儿园多读一年，或者去读学前班，等不尿裤子了再上小学……说这些话时，班主任正好经过，批评了那些取笑他的同学们。可能是因为老师批评了他们，之后，同学们对陈功并不友好，陈功跟同学们的关系也慢慢变得疏远和紧张起来，想必，他因此而产生了自卑心理吧。

如此看来，陈功显然是被老师的简单教育和同学们的取笑深深伤害了，自尊心受到了严重打击。要想让陈功重新变得活泼开朗起来，重新融入班级这个大家庭，重新和同学们打成一片，必须要让他树立起强大的自尊心。

为此，陈成给儿子讲了一个故事，故事的主人公是一个高中的大哥哥。这个大哥哥有一次在参加篮球比赛的时候因过于投入比赛而憋尿，结果实在憋不住就尿裤子了，裁判吹哨暂停比赛，场上场外所有的人都笑话他，他无地自容，恨不得找个地洞钻进去。这时，一位老师走到他身边，在他耳边轻轻地说了一句话，他便挺起胸膛，从从容容跟着老师一同走下场。陈成问儿子："知道老师跟那位大哥哥说了什么吗？"陈功摇摇头。陈成告诉儿子那位老师只不过对那位大哥哥说了一句："你球打得不错！三分球很准！老师看好你！"就这么一句简单的鼓励的话，给了大哥哥足够的信心和勇气面对已经发生的这一切。陈成鼓励儿子说："其实很多事情的发生只不过是一个小小的意外而已，我们不应该把关注点放在那个小小的意外上。大哥哥球打得好，进了球得了分，为班级争了光就行了。上幼儿园大班的时候，你已经认识了好几百个汉字了，100以内的加减法也都会了，所以爸爸没让你上学前班，直接让你上一年级了，爸爸相信你一定可以学得很好的！”有故事做铺垫，又有爸爸的鼓励，陈功不再感到自卑，慢慢地拾回了自尊心。

每个人都希望被关注、被尊重、被赏识，孩子也不例外。而这些心态正是隐藏在强烈的自尊心背后。不管是老师还是家长，都务必要用温柔的眼光对待孩子，倍加呵护他们的自尊心，多关心他们，多帮助他们，这样才能更好地挖掘他们的潜能，发现他们的闪光点，帮助他们一步一步地走向成功，走向未来。

接下来我们就要研究怎样保护孩子的自尊心了。首先，不要拿别的孩子的优点来跟自己孩子的缺点相比，也不要拿孩子跟孩子之间的优点互比，让孩子跟自己比就好了，要求孩子每天进步一点点即可。激励孩子的方法有很多，这类消极的比较方法绝对不是好的激励方法。

其次，不要无节制地训斥和体罚孩子，使孩子在恐惧中渐渐失去自尊心；不要用讽刺、挖苦的语言贬损孩子，使孩子受到屈辱而失去自尊心；不要在大庭广众之下批评教育孩子，要给孩子留点儿面子，回到家再进行教育也不迟；不要因孩子做错事而冷漠对待，不要用厌烦的语气跟孩子说话，要小心呵护孩子玻璃般的内心；还有一定不要冤枉孩子，绝对不能让孩子在愤恨中失去自尊心。

天下间，孩子最信赖最爱的人就是爸爸妈妈了，如果连他们都嫌弃他，还会有谁会爱他呢？又有谁值得他信任呢？所以，不管自己的孩子是不是优秀，够不够出色，都要尊重他、疼惜他，即使他在外面被风风雨雨击倒，也还有个温暖的家包容他，还有一碗热汤等着他。没有谁的孩子天生就是个奇才，也没有谁的孩子能够一下子就获得成功，你的孩子今天或许还不够出色，没关系，只要你用心培养，耐心地等待，终有一天你会如愿以偿的。

最后，要注意别在人前议论孩子的缺点，尤其是天生无法改变的“缺点”，如鼻子长得丑，嘴巴太大之类的。孩子虽小，但是也有美丑羞恶之感，他们听了之后不仅会感到难过，而且自尊心还会严重受损，有的甚至会产生自卑心理，从此不愿见人，不愿参加活动，这不利于孩子的心理健康发展。

孩子的自尊心看起来强大，实际上也有脆弱的时候，而且一旦受到伤害，很有可能留下永难愈合的伤口，甚至会影响孩子的一生。而孩子又正处于快速成长的阶段，每天都处于被教育的地位，他们的自尊心受到伤害的概率要比我们成年人大得多，这就需要各位有担当、有责任感的爸爸妈妈和老师一起细心保护好孩子的自尊心，让孩子的身心都能够健康快乐地成长。

好爸爸箴言：自尊心是任何人都具有的一种与生俱来的心理状态，其对孩子的成长和人生经历有着极其重要的作用，爸爸们务必要保护好孩子的自尊心，以促使孩子变得更加自信，更加积极努力地向上发展，进而改变自己的命运。

4

好爸爸，是一个好脾气的使者

人的脾气和性格是紧密相连的。拥有好脾气的人，必然会拥有一个好性格。

有人说，脾气好、性格好的人必定会受到大好前途和命运的青睐，而脾气不好、性格不好的人终究要跟好前途和好命运擦肩而过。虽然这句话说得有些过于绝对了，但是不可否认的是，好脾气的人能屈能伸，会做人，易相处，好命运和幸福人生岂能不降临他们身上？性格决定命运，说的就是这个意思。所以，爸爸们务必要做孩子好脾气的使者，培养和造就孩子拥有好脾气，且还要从小抓起，从小处抓起。

常常看到一些家长在公众场合怒骂孩子，有的甚至还暴打孩子。不管出于什么原因，我想大家看到这样的场景，心里都会感到难过，感到痛心吧。而更让我们难过和痛心的是，有些小朋友在公众场合大发脾气，家长暴怒当众训打孩子，结果孩子气急了便采取一些极端的方式伤害自己的身体甚至结束自己的生命。

有个朋友叫陈超逸，多年来跟老婆一直在打拼事业，儿子当当寄养在岳母家。当儿子7岁读小学的时候才接回身边，谁知儿子已然养成了一身的坏毛病，尤其是脾气差，动不动就发脾气，一发脾气就摔东西，有时甚至还会动手打人。陈超逸虽然心疼儿子，对自己长时间不在儿子身边而心存内疚，但是脾气向来不怎么好的他还是觉得孩子耍脾气的时候，该教育就该教育，该打就该打，不能让孩子肆无忌惮地耍脾气。所以，每次儿子暴怒地摔东西或是打妈妈，他都会用棍棒“伺候”儿子，以为这样就能让儿子学乖。谁知，儿子的脾气变得越来越坏，不仅在家随意乱发脾气，在公众场合稍不合他意也发脾气，一发脾气就大喊大叫胡乱打人。

一次，陈超逸带儿子去看电影，儿子要买两罐爆米花，他担心儿子吃太多爆米花上火，故只买了一罐入场。儿子知道了之后在放映厅里耍脾气，又是哭又是闹的，影响了其他观众看电影，他就用巴掌“伺候”儿子，儿子被爸爸打了之后闹得更凶了。影院工作人员前来劝阻，当当还伸手要打工作人员，结果，陈超逸和儿子都被“请”出了放映厅。陈超逸心里那个气啊，实在是有气无处撒，加上儿子被“请”出放映厅了还是不肯罢休，继续发脾气捶打爸爸，陈超逸就一巴掌一巴掌地抽打儿子的小脸，儿子哇哇大哭地跑到了大马路上，让陈超逸追得好辛苦。幸好当时没有车辆来往，不然真不知道会出现什么结果。经过这次事件，陈超逸开始反思自己的脾气，也反思自己是不是没有做好儿子的脾气引导和性格教育。

孩子小，不懂事和有情绪是很正常的，身为家长，要学会接纳孩子的情绪，引导孩子的情绪向好的方向发展，而不是在孩子闹情绪发脾气的时候，自己先怒火上头，这是最忌讳的。家长是孩子的一面镜子。如果家长性格温和，孩子会脾气暴躁吗？如果家长待人友善，孩子会出言不逊吗？若想孩子拥有好脾气、好性格，首先自己得有好脾气、好性格。而且，面对孩子发脾气时的冲动行为，家长们要做的不是马上去区分事情的对与错，而是要想办法让孩子先消气，让孩子从愤怒的情绪中脱离出来，待孩子的情绪慢慢平静了之后再去研究对与错，再去教导孩子。切不可在孩子发脾气的时候火上浇油，刺激孩子，责骂孩子，让孩子处于暴怒状态，那样的话后果难以想象。

其实，孩子是不会无缘无故发脾气的，他一旦耍脾气，其背后必然有缘由。可是因为孩子不懂得表达，只能靠暴躁的情绪和脾气来发泄自己心中的不满或是不舒适。要想让孩子养成不乱发脾气的好性格，爸爸们务必要注意观察孩子的行为和情绪，若是发现孩子情绪不对劲儿，就要即刻引导和鼓励孩子大胆地表达他的内心所想，然后针对孩子的不悦情绪，采取一定的措施帮助孩子疏解。

朋友张家明在培养孩子好脾气方面很有一套。首先，他十分注意鼓励孩子表达自己的内心所想。每一次他看到女儿娜娜一言不发地坐在一旁时，他就会走过去轻声地问女儿怎么了，是不是哪里不舒服，是不是觉得很无聊。如果女儿不肯说，他就抱抱女儿说：“爸爸在，爸爸陪你坐在这儿。”在爸爸的怀抱里，温暖的清泉慢慢沁入娜娜的心里，很快她就会打开心扉，告诉爸爸她心里有什么不开心、不舒服的事了。

娜娜也有任性和野蛮的时候，如在游乐场跟小朋友玩着玩着就会因为争抢玩具而争吵起来，吵不过其他小朋友，她就会生气地砸玩具泄愤。这时，张家明会把女儿拉到一边，不批评也不指责，而是耐心地问女儿到底怎么回事，让女儿把事情的经过详细地述说一遍，之后他才慢慢地开解女儿应该怎么做。他会劝女儿向被打的玩具道歉，教导女儿即使玩具没有生命，不知道痛，也要尊重它们、爱惜它们，把它们当成好朋友看待。一两次下来，娜娜便知道了要疼玩具、爱玩具，和小朋友玩的时候若是起了争执，也不会像以前那样暴怒地敲打东西发泄了，慢慢地养成了好脾气。

另外，张家明还教导女儿要懂得换位思考，即做任何事的时候，尽量也想想别人。懂得换位思考的人，会体谅他人，能够理解他人，这样还会有坏情绪么？没有了坏情绪，哪里来的坏脾气呢？当女儿跟小朋友争抢玩具的时候，张家

明会跟女儿说：“你喜欢这个玩具，别的小朋友也喜欢这个玩具，你想玩，别的小朋友也想玩，既然大家都喜欢这个玩具，为什么不能一起玩，或者大家轮流玩呢？如果你争我抢的话，伤了玩具，也伤了小朋友之间的感情，以后谁也不跟你玩了，就没有朋友了。”娜娜的好性格、好脾气，就是这么被爸爸从日常生活的小事中慢慢培养出来的。

孩子的好脾气不是孤立存在的，和孩子的思想品德、行为习惯是紧紧相连的。好的脾气和性格建立起来了，好的品德和习惯也就会随之而来。各位为孩子操碎了心的爸爸们，要加把劲培养孩子拥有一个好脾气，且越早培养越有利于孩子的成长。

好爸爸箴言：人的脾气和性格是紧密相连的。若是能够拥有好脾气，孩子的性格必然不会差。好脾气可以带来好命运和幸福人生，好爸爸就要做个好脾气的使者，培养和造就孩子拥好脾气、好性格，助力孩子健康成长。

5

好爸爸，是孩子最好的辅导老师

不少家长认为专业的辅导老师的辅导方法和辅导水平有一定的保证，故他们愿意花钱将孩子送去辅导班，把辅导孩子写作业、辅导孩子功课的艰巨任务交给了专业教育机构的辅导老师。这种培育孩子的方法实在是太普遍了，不管经济条件优越的还是经济条件一般的，甚至经济条件偏差的家长，为了孩子能够考出好成绩而省吃俭用将孩子送去辅导班学习。

有很多家长反馈说，自己的孩子自从送去了辅导班之后，学习成绩明显上升了，但是也有不少家长反映说，自己的孩子去了辅导班跟没去并没有什么两样，有的甚至还退步了。其实，上不上辅导班，孩子在辅导班学到多少东西，进步还是退步完全是因人而异的。这一点，学校的老师看得比较清楚，所以，很多学校老师主张孩子们最好不要去上课外辅导班，而是让家长来充当孩子辅导老师的角色。为此，学校老师布置的家庭作业都要求家长先检查和批改，在家长指导孩子订正了做错的题目之后再上交老师。有教育专家认为，老师这是在变相地转移个人的教学负担，他们认为“家园共育”要各司其职，家庭教育的核心内容是教孩子怎么做人，而不是承担课后辅导孩子做作业、批改作业的任务。

全民倡导“家园共育”，但是家庭教育真如某些教育专家所说仅仅停留在对孩子的品德、性格、修养等方面的教育上吗？其实，当孩子的辅导老师也是家庭教育的一种，这不仅有利于增进亲子间的感情，更有助于孩子的学业发展。在孩子眼中，爸爸就是一本无所不知的“百科全书”，由爸爸来做孩子的辅导老师，效果要比交给辅导机构的辅导老师更佳。

朋友张强浩把5岁的儿子旺旺送去一家学科辅导机构辅

导语数英三门课程，几个月下来进步甚微。他以为是儿子的辅导老师教得不好，故给儿子换了一家辅导机构，结果还是如此。他纳闷了，自己是中学语文老师，读书的时候数学和英语同样也很拔尖，怎么孩子就遗传不到他的优良基因呢？当他纠结要不要再给儿子换个辅导机构继续辅导时，妻子建议：“不如你亲自上阵教儿子一段时间，看看情况怎么样。”张强浩接受了妻子的建议，挽起袖子亲自对儿子进行课程辅导，结果一个月下来，儿子进步神速。这时，张强浩才明白，没有谁比自己更加清楚了解自己儿子的学习能力和学习水平，所以，把孩子交给辅导机构辅导，不如自己辅导效果好。

其实，家长们把辅导孩子的任务完全推给辅导班，其中一个比较重要的原因是不够自信，觉得自己不能够胜任孩子辅导老师这个重任。有些家长说，职业为教师的爸爸有教学经验、有教学资格，更有教学方法，他们辅导孩子效果好那是必然。那么，其他职业的爸爸辅导孩子是不是也会有同样的效果呢？只要爸爸们掌握一定的辅导方法，相信一定可以推动孩子各科成绩向上发展的。

姐夫是医生，尽管工作比较忙，但是辅导女儿欣然的功课他还是亲自来，每天晚饭后一个小时必然陪着女儿在书房看书、练字、写作业。姐夫说，现在很多辅导机构只负责辅导孩子掌握既定的方法把家庭作业做完，把考试题目做对而已，他们要的是速度和结果，而非过程。而他辅导女儿注重解题的过程，首先培养的是孩子认真学习以及独立思考的能力。女儿不会做的题目，他不会马上告诉她解题的思路和方法，他会让女儿翻课堂笔记，或是自己翻书找类似题目的解题方法，然后再举一反三争取把题目自己解答出来。对于女儿做错的题目，他只是提点女儿哪里错了，一般情况下他是不会告诉女儿怎么改正的，而是让女儿自己去摸索，自己去研究。虽然这样比较耗时，但是这样做能够让孩子开动脑筋，养成独立思考和自行想办法解决问题的能力。

姐夫有个特点，即他在辅导女儿做算术作业时，不会像辅导老师那样，务必保证孩子做对每一道题，他只看孩子的解题思路，不看孩子计算的结果，他会让女儿自己去检查核对，让女儿做自己的老师，使女儿养成对自己负责、认真仔细的优良品质。

但是，也不是所有的题目，孩子通过深入思考和翻阅笔记就能摸索出解题方法的，有些时候、有些题目还是需要有辅导老师从旁点拨的。姐夫是怎么点拨女儿攻克难题的呢？首先，他让女儿反复地读题。读一遍不会做，再读第二遍，多读几遍思路就会慢慢形成，突破点也会慢慢浮现。虽然，有时这种鼓励式的读题法并不能让孩子找到正确的解题方法，但是起码可以通过一遍又一遍地研究题目提起孩子解题的兴趣，树立起孩子攻克难关的自信心。这种情况下，姐夫不会直接告诉女儿解题的方法，而是会编出一道类似的题目作为例题给女儿讲解解题的方法，在女儿弄懂了例题的解题方法之后再让她回到原题去解答，这样就不难了。如果一时半会儿姐夫编不出类似的题目做例题，姐夫就会跟女儿分析这道题目的关键点，引导和提示孩子寻找解题的突破点。

当然，爸爸并不是什么题目都会做，什么知识都懂，也会遇到不会做的题目，那该怎么办呢？难道直接告诉孩子自己不懂吗？是的，要诚实地告诉孩子，这道题目爸爸也没把握，但是可以跟你一起研究，一起求进步。如果研究不出来，可以让孩子第二天去问老师，然后再回来告诉爸爸怎么解。用虚心求学的态度教导孩子，不懂就问并不是丢脸的事，而是一种积极上进的好学态度。

最后，提醒各位争当孩子优秀辅导老师的爸爸们，在辅导孩子的过程当中，一定要有足够的耐心，要时刻保持平和的心态，切不可过于急躁，否则会让孩子反感而影响到辅导的效果。

好爸爸箴言：把孩子推给辅导班，以为花了大价钱请了顶尖的老师给孩子辅导功课，孩子的成绩就一定能出类拔萃，其实不然。在孩子眼中，爸爸是一本无所不知的“百科全书”，爸爸做孩子的辅导老师，效果会更佳。

6

好爸爸，是孩子兴趣特长的发现者和培养者

“我成不了钢琴家，希望我的孩子将来能成为钢琴家！”

“我这辈子最大的遗憾是没能成为画家，希望我的孩子能够帮我弥补这个遗憾。”

太多太多的家长把自己毕生的心愿和希望寄托在孩子身上，早早地就按照自己的思路帮孩子规划好未来，也愿意倾尽所有努力培养孩子，成就自己的梦想，可是结果往往是“有心栽花花不开”。为什么？因为你给孩子预设的发展领域根本就不是孩子的天赋和潜能所在的领域，甚至可能你为了培养孩子往你所设想的方向发展而扼杀了孩子特有的天赋

和潜能!

聪明的父母会时时留心、时时在意，善于观察和发现孩子的潜在能力，注意挖掘孩子的最佳才能，并有针对性地进行培养，尽可能将孩子特有的潜质发挥出来。

同事蓝天里的女儿媛媛就读四川音乐学院钢琴表演专业时，在全国开了多场个人演奏会，毕业之后即被国外知名音乐学府录取读研深造，大家特别羡慕他有这么出类拔萃的女儿。媛媛能够取得今天的好成绩，多亏了当年他及时“悬崖勒马”，没有逼着女儿实现他本人未实现的愿望，不然今天大家就看不到他女儿飞出国门的场景了。原来媛媛5岁那年，他差点儿扼杀了孩子的钢琴表演天赋和潜能。

媛媛3岁的时候，有一次去表姐家玩，看到了表姐的钢琴，征得表姐的同意后她坐上去试弹，指尖碰到琴键的那一刹那，她兴奋得简直停不下来，不停地在键盘上乱弹。回家之后，她让爸爸送她去学钢琴，还要爸爸给她买一架钢琴。蓝天里觉得学钢琴投资太大，随随便便买一架钢琴都要几万元，要多年坚持送孩子去跟老师学钢琴，而且还要每天陪练，他实在是没有时间和精力让女儿学。另外，还有一个很重要的原因是他从小就想当画家，可惜自己没有天分，学了一段时间学不下去了。他希望女儿能帮自己圆了这个梦，所以从她3岁起就送其去专业的美术机构学画画了，为了让女儿能够专心致志地学绘画，他没再给女儿报读其他兴趣班。但是，女儿对钢琴似乎着了魔，节假日总是闹着要去表姐家弹钢琴，时不时地请求爸爸送她去学钢琴，可他就是不答应。

女儿5岁那年，蓝天里问女儿想要什么生日礼物，女儿说只想要一架钢琴，其他的都不想要。看着女儿那真诚的目光和迫切的眼神，他最终答应了女儿的请求，送女儿去钢琴培训机构学钢琴。不过他并没有急着给女儿买钢琴，而是天天让家里人送女儿去学琴的地方练琴，他要确保女儿能坚持学钢琴才给她买。结果，不管刮风下雨，女儿都坚持去学琴和练琴，且进步飞快，学钢琴不到半年就参加省级幼儿钢琴大赛拿了奖。蓝天里这时才真正意识到，女儿特有的潜质在钢琴上而非美术上。之后，他循着钢琴演奏家这条道路用尽心思培养女儿。

最了解孩子的人是爸爸妈妈，所以爸爸妈妈是发现孩子潜能的最佳人选。要怎么样才能发现孩子的潜能呢？很多朋友为了发掘孩子的潜能，给孩子提供各种各样的机会，让孩子去接触各种文化艺术，鼓励孩子广泛地参与各种活动，让孩子在接触文化艺术和参与各种活动的过程中找到自己的兴趣点。同时，多留心观察孩子在活动中表现出来的才能，找到孩子最感兴趣、最专注、最擅长的领域，然后创造条件培养。

那么，该怎样培养孩子的潜能呢？首先爸爸妈妈要端正态度。爸爸妈妈一定要最大限度地保护孩子的潜能。大表哥的儿子聪聪5岁开始学围棋，才学了一年多，就多次获老师推荐参加省级少儿围棋赛并且还拿了奖。后来因为表哥工作调动，不再有时间接送他上围棋课，就硬性中断了孩子的学习。几年之后，儿子上了中学重遇当年跟他一起学围棋的好伙伴，才知道人家已经多次受邀参加国际围棋大赛并且拿了奖，而他只能抱着小时候拿到的几个小奖暗自神伤。大表哥后悔地说，若是当年能够克服困难，坚决支持儿子继续学下去，说不定儿子今天也能够站在国际赛场上挑战各国围棋高手。

很多家长都抱怨说，孩子学什么都是三分钟热度，一遇到困难就打退堂鼓，该怎么办呢？遇到这种情况就要发挥爸爸妈妈的鼓励和推动作用了。当孩子遇到困难、遇到瓶颈不想再坚持学下去时，爸爸妈妈不要指责孩子，也不要放弃孩子，先让孩子冷静一小段时间，如果条件和时间允许，还可以带孩子外出散散心，让孩子全身心得到放松之后再回来。不要给孩子太大的压力，让孩子在快乐中学习，在学习中获得快乐，要知道，爱学比学好更加重要，心情比进度更加重要。

培养孩子兴趣特长必不可少的一个内容是和孩子一起设定学习目标。爸爸可以帮助孩子从设定小目标开始，一步一个脚印，慢慢向大目标和宏伟目标进军。而且，爸爸妈妈在督促孩子朝着既定目标前行的过程中，要找准自己的位置，只能做“提醒器”，而不能做“施压器”，要相信孩子，给孩子一定的自由，让孩子自觉学习。

每个孩子的具体情况不尽相同，没有谁比自己更了解孩子的脾性，没有谁比自己更了解孩子需要什么，所以爸爸妈妈们要做个细心敏感的家长，特别留意和发现孩子的不寻常之处，根据孩子的不同情况采取有效措施进行悉心栽培。

好爸爸箴言：家庭教育最大的误区就是强迫孩子循着家长设定的方向前行，即使家长费尽了心思去培养，结果也极有可能是南辕北辙，因为孩子的天赋和潜能或许并不在那里。这就需要爸爸多加留意细心观察，做孩子兴趣特长的发现者和培养者，让孩子在其最佳才能区发光发热。

7

好爸爸，是营造良好家庭氛围的主力军

有人说，从和谐稳定、幸福美满的家庭里走出来的孩子，性格开朗，理想丰满，心情愉悦，待人友好，每天都活得阳光灿烂，这样的孩子其人生必然会是圆满的。是的，家是孩子成长的摇篮，是孩子幸福的起点。给孩子营造一个良好的家庭氛围，让孩子在温馨的家庭中长大，是给孩子最大的成长大礼，是孩子成长路上的最大支持和帮助。而身为一家之主的爸爸，便是打造幸福家庭的主力军。

前段时间，同事陆子豪跟妻子因为两家老人的事大吵了一架后进入冷战阶段，夫妻二人好些天谁都不理谁，夫妻二

人冷战刺激到了5岁女儿瑟瑟敏感的神经。虽然女儿并未说什么，但是陆子豪感觉得到那几天女儿的心情似乎不怎么好。冷静了一个多星期，陆子豪和妻子都气消了，加上陆子豪又主动买了小礼物向妻子道歉，夫妻俩和好如初，一家三口正式恢复往日的温馨和欢笑。

可是事情并未就此过去。某个周末，陆子豪带着妻子女儿外出就餐，趁妻子上洗手间的空档，女儿对他说："爸爸，以后你不要跟妈妈吵架了好不好？"

陆子豪没有马上回答女儿，而是先问女儿："爸爸妈妈吵架了，你是不是很难过？"

女儿是这么回答他的："爸爸妈妈吵架了就会分开，分开了就会离婚，离婚了我们三个就不能住在一起了。你们会让我选择跟谁住，我选不出来，我还是想跟爸爸妈妈一起住。"

陆子豪听了心一沉，刚想说什么，女儿又接着说："我不想爸爸妈妈分开，不想有新的爸爸妈妈，也不想跟爷爷奶奶或外公外婆一起住。"说完，女儿的眼泪都流出来了，陆子豪急忙把女儿拥入怀中，大声地告诉她，他以后再也不会跟妈妈吵架了，永远也不会跟妈妈分开，爸爸妈妈会一直陪着瑟瑟长大的。

话虽这么说，但是哪有不吵架的夫妻，两个人一起生活，摩擦必然会有，而且问题无处不在。可是陆子豪告诉自己既然答应了女儿，就要好好地维护这个家，好好地打理家这个美丽的“后花园”，让孩子这棵小苗在肥沃的土壤中茁壮成长。

“互相尊重”是陆子豪为孩子营造温馨家园的第一步。每一个家庭成员都是平等的，孩子要尊重爸爸妈妈、尊重长辈，爸爸妈妈也要尊重孩子，同时更要彼此尊重，彼此理解。之前，陆子豪基本不做家务，教育孩子的职责也尽量推给妻子，使得妻子既要工作，又要照顾家和孩子，故妻子怨气太重，情绪也很不稳定，一点儿小事都会拿出来数落陆子豪，陆子豪的脾气也不温和，夫妻俩难免拌嘴。可是自从女儿跟他说了那番话之后，他开始慢慢改变自己，和妻子共同分担家务，教育女儿的责任也不再推给妻子，自己也参与进去，让孩子在爸爸妈妈的共同呵护下成长。

“相亲相爱”是陆子豪为孩子营造温馨家园的第二步。

有爱的家才是完整的家，有爱的人生才是完美的人生。陆子豪虽然一直在心底默默地爱着妻子和女儿，但却从未表现出来。自从他在女儿面前郑重承诺后，他学“聪明”了，懂得用行动将自己真挚的爱把妻子和女儿捧在手心，给妻子和女儿安全感。每到节日他会给妻子、女儿送小礼物，还带她们去郊外走走玩玩，而且还常常对妻子和女儿说“我爱你们”，让妻子和女儿天天都沉浸在爱与被爱当中，被相亲相爱的氛围包围，家里自然每天都充满欢声笑语。

“相互宽容”是陆子豪为孩子营造温馨家园的第三步。宽容能够消除家人之间存在的矛盾和隔阂，调节家人之间的关系，让家庭一直处于健康、稳定、和谐的氛围中。陆子豪本来一直对妻子的父母不甚理解，对他们的一些做法心存不满，可是后来他慢慢想通了，明白宽容老人能够增进夫妻间的感情，能够使家庭变得更加团结，能够让亲人间彼此信任，同时还能够以身作则，使孩子拥有一颗宽容的心，何乐而不为呢?

陆子豪为孩子营造温馨家园的第四步是经常组织家庭成员开展丰富多彩的家庭活动。在节假日的时候，陆子豪会邀请一些亲朋好友来家里开大食会，为此全家总动员为大食会做准备，他和女儿负责收拾和布置家里，妻子负责做一桌子美味佳肴，大食会结束之后，一家三口又哼着歌儿收拾屋子。有时，陆子豪也会组织一些室外活动，带上妻子和女儿去农家乐游玩，打打球、游游泳、吃烧烤、聊聊天，让美丽心情和美丽大自然一起沁入家人的心脾，温暖而快乐，幸福且温馨。

有的爸爸妈妈彼此间已然没了感情，但是为了孩子，勉强地生活在一起，以为这是为了孩子好，殊不知，这是在伤害孩子。孩子是很敏感的，爸爸妈妈生活在一起，如果天天敌意相对，冷漠相待，孩子是可以感觉得出来的。孩子会觉得“家”这个最安全的避风港已经或是即将不复存在，所以会感到非常恐惧、伤心和无助，如果不及时将孩子的消极情绪赶走，把孩子带回到安全温暖的家庭生活，孩子很有可能会变成一个自卑、焦虑、易怒的不受待见的孩子，这样的孩子长大了必然性格不好，品行不够纯良，甚至还有可能会跟一些不良少年为伍。所以，爸爸妈妈一定要真心实意地去为孩子营造一个良好的家庭氛围，而不是给孩子制造一个假象，不然同样不会有益孩子的身心健康。

著名教育家苏霍姆林斯基曾经说过：“良好的家庭氛围是进行家庭教育的前提条件，也是一种有效的教育方式。”想要孩子健康地成长，想要孩子在舒适欢快的港湾里扬帆起航，爸爸妈妈们就要奋力扬起和谐家庭的风帆，给孩子一个幸福温暖的家，一个欢乐无比的王国。

好爸爸箴言：家是孩子成长的摇篮，是孩子幸福的起点。从一个和谐稳定、幸福温馨的家庭里走出来的孩子，必然是阳光的、欢快的，人生也必然会是圆满的。爸爸是打造幸福美满家庭的主力军，务必要努力营造一个良好的家庭氛围让孩子快乐地成长。

第四辑

好爸爸是小男子汉的培养者

长辈的过度溺爱、家长的过度保护，
让家中的独苗「掌中宝」变得越来越娇气，
越来越没担当，经不起风浪的拍打，受不起磨难的拷问，
这样的男孩长大后如何挑起家中重担、国之重任呢？
爸爸有责任言传身教，
将小男孩培养成铁骨铮铮的男子汉。

1

打造一个小小男子汉

现在的孩子，个个都集万千宠爱于一身，个个都是家中的“掌中宝”“小太阳”。正因为是宝贝，所以家长呵护备至，有的甚至到了溺爱的地步，过度保护自然不足为奇，太阳大了怕晒伤不让出门，剪刀太锋利不让拿出来剪纸玩，泥巴太脏怕有细菌感染不让碰……家长以为如此细心地照顾，孩子就能健康地成长。殊不知，这样做反而让孩子变得越来越娇气，越来越胆小，越来越怕事，越来越懦弱，以至于慢慢变得没有担当，不成气候，经不起风浪的拍打，经不起磨难的锤炼，长大之后无法挑起家中的重担。只有把孩子培养成铁骨铮铮的男子汉，将来才能承载起民族的希望，才能肩负起保家卫国的重任，才能担起整个家族的兴衰荣辱。

那么，如何培养孩子成为坚强勇敢的男子汉呢？由阳刚气十足的爸爸来担任男子汉训练营的“主教练”是最合适不过了。

身为男子汉，必然要具有男子气概，要坚强，要勇敢，甚至还要有一定的“野性”。朋友张华为了让儿子杜杜变得坚强和勇敢起来，常常鼓励他去参加一些具有挑战性的运动。3岁的时候就让他去游乐场参加“童军营”训练，4岁的时候就带他去东北滑雪，5岁的时候让他学溜冰……不断地让他挑战自我，通过不断挑战增加他的胆量，训练他的勇气，让他一天比一天勇敢，一天比一天坚强。

男子汉是不言放弃、不怕失败的。杜杜第一次被爸爸带到“童军营”时，看到悬崖峭壁，看到一座又一座小小的独木桥，他的脚都发抖了，不停地跟爸爸说：“不要上去！不要上去！”张华鼓励儿子先上去试试，爬得了多高就爬多高，实在爬不上就下来，下次再来。于是，杜杜绑上安全带，在教练的带领下慢慢往上爬。起初，杜杜爬两格掉一格，爬了好久也没爬到三分之一，他不停地低头望着张华（应该是在向爸爸发送放弃继续爬上去的请求吧）。虽然张华看懂了儿子的眼神，但是他还是不停地喊："杜杜加油！杜杜是最棒的！"在张华一次又一次大声地鼓励下，杜杜最终克服困难爬上了悬崖的最高处。可是，杜杜还没来得及向爸爸和教练挥手庆祝成功，就脚下一滑掉到了悬崖底部。杜杜放声大哭起来。张华急忙冲过去安慰儿子不要哭，并且告诉儿子，男子汉大丈夫不能轻易放弃，也不能轻言失败！

有人说，做家务是女生的专利，但是张华认为，男子汉也要会做家务，因为做家务是一种基本生存技能，长期坚持的话，能够锻炼孩子吃苦耐劳的优秀品质，能够培养孩子井井有条的生活习惯，这对孩子将来的生存和发展是绝对有益的。张华每天都坚持让儿子做几样力所能及的家务，如晨起扫地、拖地，饭后洗碗，睡前收拾衣物，等等，他不想儿子将来长大了还是一个衣来伸手饭来张口的少爷，连最基本的生活技能都没有。

"男子汉做事一定要果断，绝对不能优柔寡断。"所以，事无大小张华都会让儿子尽快做出决定，做出选择，不管儿子的决定是好还是坏，做出的选择是优还是差，他都让儿子自己承担结果，多次训练之后，儿子就能果断地做出最优的选择了。

有一次，张华带儿子去香港旅游，入港的前一晚，他们坐动车到达深圳北站，需要在深圳住一晚，他拿出一张深圳地图给儿子看，让儿子选择入住哪个地段的酒店方便他们第二天一早到达福田口岸过关入港。儿子看了看地图，很快就决定要入住深圳北的一家酒店，第二天一早搭乘地铁前往福田口岸过关入港。张华问儿子为什么不选择到口岸附近的酒店入住，第二天一早可以步行到口岸。儿子说，当晚他们到达深圳北已经快10点半了，深圳地铁营运到11点，一来赶不及乘地铁到口岸附近入住酒店，选择其他交通方式的话耗时、耗钱、耗力，二来坐了那么久的动车很累了，就近入住养好精神，第二天早起入港才是最优选择。张华没想到不到10岁的儿子竟然能够如此果断地做出选择，看来他平时对儿子的训练方法是极为有效的。

“该碰的钉子要让孩子去碰，该走的弯路要让孩子去绕，该受的苦要让孩子去受，该动的脑子要让孩子去动，该罚的时候要罚，该骂的时候也要骂，绝不能把孩子养在温室里，将他保护得过于密闭。”不让孩子碰钉子，不让孩子吃半点儿苦，这不是为孩子好，而是在害孩子。爸爸妈妈不可能一辈子陪在孩子身边事无巨细地照顾，而且人生不是一帆风顺的，总有一天，我们的孩子会遭遇狂风大浪，总有一天，我们的孩子会遇到拦路虎的。孩子只有经历过，才能更好地去面对去克服。不让孩子走弯路，不让孩子动脑筋，帮孩子安排好一切——好学校、好工作、好伴侣，以为这样就能够让孩子过得幸福，可没有过程的结局是最好的结局吗？没有经历过挫折的成功是真正意义上的成功吗？这样的孩子，不是家长的“傀儡”是什么？很多家长在孩子做错事的时候不舍得罚，不舍得骂，以为这样便是保护了孩子的自尊，其实这是在给孩子一次又一次犯错的机会。及时地纠正孩子的错误才是对孩子最好的保护！

将孩子培养成拥有男子汉气概的勇者不是一件简单的事，爸爸们要多下苦功夫，多采取些措施进行有效的培养，相信孩子必定不会“人格缺钙”，成为你所期望的男子汉大丈夫。

好爸爸箴言：孩子，是未来的战士，是要经受各种艰难挫折考验的。如果没有强魄的体质，只有软绵绵的身躯，没有硬朗的气概，只有软弱的性格的话，根本无法承载起民族的希望。阳刚气足的爸爸只有将孩子打造成勇敢的小男子汉，才不会辜负家庭和社会的期望。

2

鼓励小男子汉独立自主

身边很多朋友每到寒暑假都会送孩子参加冬令营、夏令营，其目的就是为了培养孩子的独立自主能力。为什么要培养孩子的独立自主能力呢？先给大家讲一个真人真事。

姑母的儿子陈明今年考上了北方一所大学，9月开学的时候，姑父姑母一起送他去学校，结果姑父独自一人回来把家里的房子出租出去，然后带着一大堆生活用品又飞过去了。原来，夫妻俩在给儿子办理了入学手续送儿子到宿舍之后，看到同宿舍的其他男生都在自己整理行李，他俩就让儿子也试试铺铺床，整理一下行李，可是儿子从来都没做过，手生疏得很，折腾了半天也铺不好一张床，行李箱的拉链头琢磨了半天也找不到。最后在二老的提示下终于找到了，但是还没打开就划伤了手，二老看着又心疼又焦急。最后二老做了一个大胆的决定：在校外租套房子住，照顾孩子的起居饮食，陪孩子度过四年的大学生活！

家里的亲戚朋友知道了这事之后，都表示不可理解，陈明都17岁了生活还不能自理——不会铺床、不会叠被子、不会收拾衣服……真是被父母宠坏了！大家都说，像陈明这样一点儿独立性都没有的孩子，将来恐怕是难有什么出息的了。

独立自主是健康人格的具体表现，但凡成功人士，都具备独立自主的良好品性。从小培养小小男子汉具有独立自主的能力，不仅对其生活和学习有着举足轻重的影响力，同时还能够为其未来事业的发展和幸福美满的生活打下坚实的基础。

培养孩子独立自主的能力是一项长期的、艰难的、琐碎的工作，要从生活的点滴小事开始，而且要循序渐进由简到繁，这就要求爸爸妈妈务必要有绝对的耐心和毅力。朋友陆怡的儿子杉杉都快大学毕业了还不会扣扣子和系鞋带，平时只能穿可以直接套进去或是有拉链的衣衫和鞋子。其实，在其儿子小的时候，朋友也尝试过教他扣扣子和绑鞋带，但是教了好几次都教不会，他便索性不教了，从此也不再给孩子买要扣扣子的衣衫和要绑鞋带的鞋子。这并不怪孩子，要怪就怪家长没有耐心由简单到难慢慢教，一次教不会就教两次，两次不会就教第三次，一次又一次地教孩子，还会学不会吗？

由于爱子心切，怕孩子受累，很多家长都会将孩子生活中的大小事包办了，不让孩子十指沾生活的气息。我老同学的儿子栄栄都上小学了，玩完的玩具也还是随便往地上一扔就跑开了，留给爷爷奶奶或者爸爸妈妈收拾。每次起床，栄栄就站在床上等着大人帮他穿衣服，这还不止，连刷牙洗脸也都是大人来帮他完成，至于吃饭这个老大难问题就更加需要大人一勺一勺地吹着喂。其实，让孩子自己穿衣、自己收拾玩具和自己进食，是最简单不过的日常生活小事了，连这些小事都不让孩子做，还指望孩子将来能做出些大事来吗？爸爸妈妈务必要在保证孩子安全的前提下，尽可能地让孩子

“自己的事自己做”，适时地提供适当的帮助、指导和赞美就好。如果孩子不会做就教，不能因为心疼孩子而不让孩子去学；如果孩子做得不够好，也要忍住别去帮忙，只能从旁指导，让孩子一遍又一遍地练习，直到做好为止。

一些家长反映，孩子在幼儿园或是学校里各方面表现都很好，什么都能自己做，但是一回到家就变得娇气得很，什么事都不会做了，要爸爸妈妈帮他们做了。这是一种很不好的行为，不利于孩子独立生活能力的持续培养，必须要及时纠正。爸爸妈妈要和幼儿园学校保持高度一致，孩子在幼儿园、校园里能做的事在家也要能够做到，且还要要求孩子持之以恒地做下去。

邻居家的小朋友呀呀在幼儿园表现很好，自己盛饭、自己吃饭、自己洗碗，还经常争着做值日生扫地、拖地，可是在家里，只要爸爸一出差回来，她就像个软绵绵的公主，什么也不会做了，饭也不会吃了，扫把也拿不动了。起初爸爸以为她还小，自理能力有些弱，故让她撒撒娇，喂她吃饭。可是后来有一次放学去接她，发现她很认真地拿着拖把在拖教室的地板，然后呀呀爸爸就问老师，呀呀在幼儿园自理能力怎么样，老师对呀呀竖起了大拇指，呀呀爸爸这才知道呀呀在家和在幼儿园的表现是两个样。这样下去可不好！不过呀呀爸爸并没有严厉地批评呀呀，而是通过讲故事的形式告诉呀呀，在老师面前是个独立自主的好学生，在爸爸妈妈面前也要做个独立自主的好孩子，在家和在幼儿园表现得一样好才是真正的好孩子。尽管呀呀听懂了爸爸所讲的故事，但是在行动还是跟不上，还是会撒娇地要爸爸帮她做各种各样的事情，吃饭也不好好吃。每每这时，呀呀爸爸就会把那个故事搬出来提醒呀呀，一次两次三四次之后，呀呀就自觉地做到了。

独立自主是男子汉必然要有的素质，且不仅是生活上要独立自主，精神上也要独立自主。中国的家长喜欢给孩子提供“一条龙”服务，从幼儿园到大学都要帮孩子安排好，连孩子上大学学什么专业，毕业之后做什么工作，去哪里工作也都安排好，孩子基本上没有选择的权利，甚至根本不知道要选什么、能选什么，全依仗家长做决定。这种精神上得不到独立的孩子，做事肯定优柔寡断，没有魄力，有的甚至还具有选择困难症，这极不利于他们步入社会接受残酷的社会现实的考验。

隔壁办公室的王哥把儿子送去国外读了几年研究生，儿子回来一直吊儿郎当就是不肯出去工作，儿子说他所学的专业是爸爸妈妈帮他选的，不是自己喜欢的，所以学得很不好，根本胜任不了与本专业相关的工作岗位。王哥说，那你可以做与专业无关的工作啊，可是儿子说，他也不知道自己能做什么，或者说，他根本就什么都不会做。儿子的话让王哥悔得恨不得时光可以倒流，能够让儿子选择自己喜欢的专业就读，毕业后能做一份他喜欢且也适合他的工作。

爸爸妈妈一定要给孩子自己做选择的机会，要做好一名引导员，尽量往利于孩子成长的方向引导，千万不能再给孩子提供“一条龙服务”了。

培养孩子独立自主能力的最后一点，也是最重要的一点是爸爸妈妈要给孩子树立一个独立自主的好榜样，给孩子做个独立自主的好表率，凡事亲力亲为，做事果断坚定、百折不挠……让孩子在耳濡目染和潜移默化的过程中逐步变得独立自主、坚强勇敢起来。

好爸爸箴言：独立自主是健康人格的具体表现，但凡成功人士，都具备独立自主的良好品格。从小培养小小男子汉具有独立自主的能力，不仅对其生活和学习有着举足轻重的影响力，同时还能够为其未来事业的发展和幸福美满的生活打下坚实的基础。

3

帮助小男子汉建立自信心

自信心是一种良性情感，是孩子成长过程中的一种精神核心和发展动力，能够带给孩子无限的勇气和力量去面对和克服各种困难，但是它却不是与生俱来的，需要家长从小帮助孩子慢慢建立起来。

那么，怎样才能帮助小男子汉建立起一定的自信心呢？怎样才能更好地保护男孩子已然建立起来的自信心呢？

尊重和信任孩子是第一步。孩子是个独立的个体，是一个具有独立人格的人，需要得到所有人的尊重，包括爸爸妈妈。爸爸妈妈不能仗着自己从小供养孩子而把孩子当成自己的“附属品”，搞“一言堂”，什么都自己说了算，不尊重孩子。只有尊重孩子，给予孩子绝对的信任，才能调动孩子的积极情绪，使孩子树立充分的自信心。

邻居罗先生一直都不太信任自己的儿子乐乐，很多时候他宁可相信别人家孩子说的话也不相信自己儿子说的话。前段时间，乐乐在小区游乐场跟一个小男孩打起来了，罗先生走过去将儿子和那个小男孩拉开，然后大声呵斥儿子：“你怎么回事啊？跟小朋友一块儿玩就好好玩嘛，闹什么闹，打什么打！”乐乐大声嚷嚷说：“不是我要跟他打的，是他来惹我的，不停地追着我打！”可那个小男孩却说：“才不是呢！是你先打的我，是你先惹我的！”听罢那个小男孩的话，罗先生打了儿子的屁股一巴掌，并生气地说：“我看你以后还去惹别人、打别人不！”爸爸的巴掌打在乐乐屁股上或许并不算痛，但是爸爸宁可相信别人不相信自己儿子，这让乐乐感到委屈极了，顿时放声大哭起来。这时，旁边的一位老人看不过眼，走过去抱抱大哭的乐乐，对罗先生说：“你错怪自己的孩子了，我亲眼看到是那个小男孩先动手打你儿子的，而且还连打了好几下，你儿子才还手的。”虽然事情的真相浮出水面，但是罗先生因为不信任儿子，使儿子心灵上受到的伤恐怕一时半会儿很难弥补。之后我常看到乐乐被人欺负却不敢反抗，生怕自己一反抗就会被爸爸责骂，感觉他现在做什么事都弱弱的、怯怯的，一点儿自信心都没有。

给孩子建立小目标、大目标是家庭教育里的一个常规动作，相信每一位爸爸都这么做过。但是，在给孩子建立目标时，一定要在孩子的能力范围之内。爸爸对孩子期望过高，给孩子设定的目标太高，孩子若是做不到，很容易使孩子产生挫败感而失去自信心。当然也不能把目标定得太低，让孩子轻轻松松就完成，这样孩子会变得很自负的。只有将目标的设定控制在孩子的能力范围之内，不高也不低，让孩子经历一定的考验后才能达成目标，增加其成就感，自信心自然也更足了。

每个孩子都有其优点，发现孩子的优点并加以鼓励，是帮助孩子建立自信心的一个好办法。朋友张亮的儿子落落上小学一年级有一段时间了，但是他还是没能跟班上的小朋友玩到一块儿。每次搞活动、做游戏，他总是默默地站在一旁或坐在一旁，当老师让他积极参与到活动或游戏中，他总是摇摇头表示不参加。张亮十分忧心，不知道儿子哪里出了问题。跟老师进行沟通后才知道，原来儿子刚到教室上课那天，在跟小朋友玩的时候总是跑在最后，被小朋友们嫌弃，从那以后他就不再跟小朋友们一起玩了。老师说，他应该是缺乏自信心，建议张亮他们多鼓励鼓励落落，帮助落落建立起自信心。张亮想到的第一个办法是不断地夸奖儿子的优点，让儿子慢慢找到自信。此外，还经常给予孩子表扬和肯定，给孩子带来一定力量源泉，使孩子渐渐相信自己是能行的，自信心自然而然就会滋生了。

让孩子主动迎接并跨越困难也是培养孩子建立自信心的好方法之一。张亮为了让儿子的自信心一天比一天强大，一到周末就带他挑战一些有难度的运动，比如爬高山，而且他还专门带落落爬那种比较陡峭的高山，让落落一个一个去克服艰难险阻，一个一个去战胜疲惫苦累。张亮说，儿子每一次成功地跨过一个沟坎，克服一个困难，都是对他能力的一种肯定，使他多增加一份自信。

另外，张亮还着重培养儿子具有竞争意识。有竞争就有动力，有了动力，孩子才会时时刻刻保持最佳状态追求进步，才会变得越来越自信。落落的数学成绩向来都很优异，到了高年级的时候，在老师的推荐下和张亮的鼓励下，落落去参加奥数竞赛。由于第一次参加奥数竞赛没有经验，过于紧张，落落答题思路混乱，以至于分数不高，没能拿到名次，为此落落很受伤，当即表示以后再也不参加奥数竞赛了。张亮教育儿子说："当今社会竞争残酷，没有竞争力你就会输，只有时刻具有竞争意识，时刻做好应战的准备，你才不会输，才不会被淘汰。"儿子听明白了张亮的话，日日在数学题海中徜徉，为第二年的奥数竞赛做足了准备，在之后的几次比赛中，他带着强烈的竞争意识进考场，带着满满的自信心从容答题，结果一次又一次地拿到大奖。

分析孩子的优势所在，培养孩子具有一项专长，这也是增强孩子自信心的一个好方法。学习成绩不是衡量孩子能力的唯一标准，每个孩子的天赋不尽相同，所以能力也各有千秋。有的孩子身体柔软，善于舞蹈；有的孩子跑跳厉害，善于运动；有的孩子文笔优美，善于写作；有的孩子善于绘画……爸爸妈妈发现孩子具有某一方面的天赋之后，要进行重点培养，使他们在某一方面遥遥领先于其他孩子，在鲜花、掌声和赞美声中，孩子的自信心油然而生。

有人说，拥有了自信心就成功了一半。是的，自信心是一个成功者必有的心理素质之一，对孩子抱以期望的爸爸妈妈们要重点培养、提高和保护好孩子的自信心，让自信心这股强大的推动力成为孩子成长路上一把“斩妖除魔”的利剑。

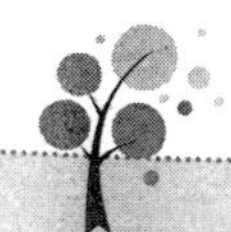

好爸爸箴言：自信心是一种良性情感，是孩子成长过程中的一种精神核心，一种发展动力，能让孩子具有无限的勇气和力量去面对和克服各种困难。而且男孩子的自信心较女孩子而言要更强烈一些，所以，帮助和培养小男子汉建立自信心是每一位爸爸的职责所在。

4

培养小男子汉积极向上的乐观精神

“这次我还是没考好，估计下次也考不好了。”“我不想上舞蹈课了，那几个动作我总是做不好的。”“我也想考进前几名啊，但是每次总是考不进，我有什么办法啊？”听到孩子说这些话的时候，我相信任何一位家长朋友心里都很不好受。这是孩子不自信的表现，是孩子的悲观心态在作祟。缺乏积极乐观向上精神的孩子不自信、易消沉，看人看事非常消极，也不能很好地控制自己的情绪……这极为不利于他们的健康成长。只有培养孩子具有积极、乐观、向上的精神，才能促使孩子带着豁达的心胸和高度的自信心认真学习，快乐生活。

那么，爸爸该如何培养孩子具有积极乐观向上的精神呢？

朋友李超和很多家长一样，对自己的儿子家家抱有很大很大的期望，所以，儿子稍微有点儿做得不够好，考试考得稍微有点儿不够好，他就黑脸大声指责，这不但不能促进儿子取得进步，反而越来越退步。家家说，反正挨爸爸骂惯了，多被骂几次又不掉块肉，所以他根本就不想考好，不求进步。李超这种指责式的教育方法确实不好。他暴躁的情绪传递出来的是一种负面信息，是一种消极情绪，不仅会让孩子感到反感，而且也会将这些负面信息和消极情绪传递给孩子，使孩子也变得消极悲观起来。所以，要想孩子具备积极乐观的心态，做父母的必须先自己阳光灿烂起来，不仅父母自己要具有积极乐观的精神和心态，而且还要带动其他家庭成员一起努力营造一个良好的、愉快的家庭氛围。

同事朱时大哥的儿子闪闪，小学的时候成绩很好，每次考试都是排在年级前三，但是上了重点初中之后，排名就稍微后一些了，总是排在年级的二十名前后。其实，这并不是因为闪闪学习退步了，他一直都保持原来的学习水平，只不过这个学校的尖子生实在是太多了，他要想冲进前十名甚至前三名，必须得再多下些苦功夫才行。然而，闪闪并不能接受这个事实，他受到了很大的打击，有很深重的挫败感，不过他并不愿意付出更大的努力，更加用心地去学习赶超同学，反而是慢慢地放弃自我，结果成绩一次又一次下滑……朱时大哥见情况不妙，赶紧帮儿子找成绩下滑的原因，在得知罪魁祸首是儿子不肯接受现实，从而导致悲观情绪和消极心理滋生而影响到了学习兴致后，朱时大哥鼓励儿子认真面对现实，勇敢接受现实，然后再用自己的实际行动改变现实，让自己的成绩更上一层楼。是的，接受现实才能更好地改变现实。要培养孩子具有积极乐观向上的精神，必须得让孩子学会接受现实。

有的家长对孩子不加管教，美其名曰“放羊式教育”，让孩子有一个自由自在的童年，对孩子听之任之让其自由发展，孩子走上歧途的概率非常大，这样的孩子绝大多数是不具备积极乐观向上的精神的。而有的家长又对孩子管教过严，不给孩子任何自主权和选择权，这样做限制了孩子的发展，压制了孩子纯朴自然的童心，很可能会对他们的心理健康产生一定的消极作用。所以，这两种方法都是不可取的。培养孩子积极乐观向上的精神，切记，不可对孩子控制过严，也不能放任不管，要松弛有度。

侄子福福有段时间心情似乎很不好，每天回家都是蔫蔫的，爸爸跟他说话他也不爱搭理，平时他话可多了。姐夫担心他遇到了什么事，就向他的好朋友消消打听。原来，福福被选为班级足球队队长，准备带领班级足球队参加年级比赛。因为临时段考，队员们个个都无心“战斗”，觉得上场随便踢踢就行。可是福福认为，既然都组建班级足球队了，就要好好训练认真备赛，争取进入决赛，冲出年级参加校级赛，如果成绩优异的话，还可以代表学校参加市级足球赛。他把自己的想法跟队友们说了，大家都觉得他太异想天开了，其他班的足球队不知道多厉害呢，他们都说还是不要去以卵击石了。知道了福福不开心的原因，姐夫让消消鼓励福福去找老师沟通，告诉老师他的想法，争取得到老师的支持，让老师跟福福一起说服队友们认真备战。结果，如福福所愿，队友们开始认真备战。

孩子有自己的世界，有自己的思想，有自己的行为特点，有些事情、有些想法不方便跟父母和亲人说，好朋友便是他们倾诉的好对象。所以，作为家长要多制造一些机会，多鼓励孩子结交一些新朋友，让孩子的交际范围不断地扩大，让孩子在遇到困难时，在情绪低落时，在没有办法跟至亲的人沟通时，能够得到友情的支持，这能避免孩子因孤独、寂寞、无助而走向极端。

随着生活条件的不断提高，我们给孩子提供的物质生活越来越丰富了，很多家长简直对孩子爱到了极致，孩子想要什么都满足他，让孩子过上奢华无度的生活，以为这就是疼爱孩子最好的方式，其实不然。物质生活过于奢华很容易使孩子产生一种高高在上的优越感，会使孩子觉得自己高人一等，他们会变得好吃懒做、狂妄自大、自私任性，欲望也会变得越来越膨胀，一旦有一天家长跟不上孩子物质追求的脚步时，轻者会萎靡不振、消极懈怠，重则很可能会走上歧途。不要以为这是危言耸听，为防患于未然，家长朋友们一定不能让孩子过上奢华无度的生活，要培养孩子具备积极向上的精神，不消极、不懈怠、不悲观、不失望、不抱怨，要让他们通过自己的努力得到自己想要得到的东西，过上理想的生活，实现自己的愿望。

积极乐观的心态能够使孩子们前进的脚步变得更加坚定，使孩子们的内心变得更加纯朴自然；积极向上的心境能够提高孩子的交际能力，提高孩子学习和做事的效率。相信每一位爱孩子，期待孩子长大之后能够有所成就的爸爸妈妈们，一定会努力让孩子永远都保持一份乐观向上的精神和心态的。

好爸爸箴言：积极乐观的心态能够使人的脚步变得更加坚定，使人的内心变得更加坦然；积极乐观的心境能够提高人的交往能力，提高人的做事效率。对孩子而言，积极乐观的精神能够促使孩子带着豁达的心胸和高度的自信心去认真学习，快乐生活，好爸爸要努力培养孩子具有积极、乐观、向上的精神。

5

教导小男子汉以宽厚之心待人

“为什么打我啊？”“你刚撞了我一下。”“我是不小心的！”“我管你！谁碰了我，我就打谁！”……

前两天在楼下散步的时候，看到两个五六岁的小男孩在边吵边推搡着。在我看来，这真没多大点事儿，就是一个小男孩不小心碰了另一个小男孩一下，被碰的小男孩就出手“报复”了，然后两个小朋友就冲突起争执，从而引来了双方家长进行“谈判”。其实，小朋友在一起玩耍，碰撞摩擦是常有的事，如果小朋友懂得以宽厚之心待人，不小心的一方和对方说声“对不起”，然后彼此相视一笑问题就可以解决了，为什么一定要大动干戈弄得大人、小孩都不愉快呢？

容忍别人的“过失”，是对自己心灵的释放；宽容别人的不良行为，是对自我的心灵救赎。对人宽容一些，厚道一些，还能减少仇恨，避免暴力或是伤害。在孩子的成长过程中，培养孩子有仁义宽厚的性格是十分必要的，为避免功利心侵蚀孩子淳朴的内心，身为孩子第一任导师的爸爸要教育孩子以一颗善良、宽容之心待人，不要斤斤计较，不要尖酸刻薄，要多尊重他人，多理解他人，多体谅他人……

小朋友在相处的过程中，常常会因为抢玩具、抢位置等一些小事而起冲突，身为家长的我们都不希望此类小事件升级到动手打人的程度，那么我们该怎么做呢？要培养孩子具有一颗宽厚之心，要教会孩子理解他人。楼上王扬家4岁的儿子伟伟是个非常小气又非常霸道的小男生，谁要是抢了他的玩具或是位置，他二话不说就先给你一个巴掌，然后再踹你一脚，所以很多小朋友都不爱跟他玩儿。王扬意识到儿子的这个缺点如果不及时改正的话，将来会影响他的人际关系。那么，他是怎么做的呢？他找了很多有关“理解他人”的儿童绘本跟儿子一起看，边看边绘声绘色地讲解，让儿子在

“图 + 文 + 声”中慢慢感受“理解”的益处。待孩子对理解别人有了初步的认识之后，他把儿子带到游乐场跟很多不相识的小朋友玩，一旦儿子跟某个小朋友又因为抢玩具起冲突想要动手打人时，他便在儿子耳边小声提醒他：“小朋友真的很喜欢这个玩具，所以才想要从你手上拿走的，你要多理解别人，可不能动手打人哦！”几次下来，他慢慢地学会了理解别的小朋友，不再跟小朋友们抢东西了，就算自己喜欢的玩具被抢了，他的小拳头也不再动不动就出手了。

让孩子学会换位思考也是培养孩子具有一颗宽厚之心的有效方法之一。老同学李明志15岁的儿子郝仁由于长期被家人宠溺惯了，表现得非常自私，凡事都只会为自己着想，就连自己爸爸妈妈的感受他也不顾及。妻子姗姗因为工作性质长期驻外工作，鲜少陪伴郝仁，郝仁对妈妈非常冷漠，妈妈每次打电话给他，他总是一副爱理不理的样子，有时甚至还顶撞妈妈，抱怨妈妈。有一次，妈妈千里迢迢地坐飞机回来给他办生日会，可是他放学后没有及时回家参加妈妈为他精心策划和准备的生日会，而是约了两三个同学去看电影，妈妈打电话给他他也不接。看完电影他还请同学去吃消夜，玩到快11点才慢悠悠地回家，一回家就进房间，完全不理会妈妈几个小时没有他的消息而备受煎熬的心情。

李明志对儿子这种对至亲的人“不管不顾”的行为非常气愤，不过他并没有当即敲门进去对儿子进行狠批，而是站在儿子的房门外，心平气和地问他：“如果今天晚上是你为爸爸准备了一个生日会，爸爸却因为跟同事出去吃饭没有赴约，并且一直不接你电话，让你焦急一个晚上，你会怎么想？你会生气吗？”儿子不吭声，李明志又继续问：“很快你就要去读高中了，到时要住校了，一周只能回家一次，你会想爸爸妈妈吗？你会不会觉得一个人在外面生活很孤单呢？”爸爸的话让郝仁陷入了深深的反思当中：妈妈长期在外地工作，想见自己一面很难很难，难得回来一次自己还这么对妈妈，实在是太不该了。李明志这是在教儿子换位思考，让儿子站在别人的角度去想问题，这样才能滋生宽厚之心，宽容地对待亲人、朋友甚至是陌生人。

暑假的时候我带孩子参加了一次亲子游活动。在参观一个景点时，领队让大家站好位置拍大合照的时候，有两个小朋友都想站在第一排的正中间拍，为此还吵了起来。我以为他们的爸爸妈妈会上前调解，结果令大家意外的是，两边的家长居然也加入到争位战中，且光动嘴皮子争不过瘾，居然几个大人先动起手来互相推搡……孩子摔了，大人也吃了拳头，但两方都不肯罢休，找领队来评理，非要占最优位置，非要对方先向自己道歉。可是领队只对他们说了这么一句：“唯宽可以容人，唯厚可以载物。”我给大家讲这个自己所见的事是想告诉大家，如果我们做父母的都没有一颗宽厚之心的话，还能指望孩子有宽厚之心吗？要培养孩子具有一颗宽厚之心，爸爸妈妈得自己先做到，要用自己的实际行动来告诉孩子，“以宽厚之心待人”是一种高尚的品德修养，是我们中华民族的传统美德，是孩子成长手册中必须浓墨重彩画上的重要一笔。

心胸狭隘的孩子总是以敌对之心对人，他们处处提防，时时在意，这样只会活在无限的忧郁和痛苦之中，渐渐形成抑郁或是孤僻的性格；而宽宏大量的孩子能够站在他人的角度看问题，会主动替别人着想，关爱他人，易受人尊重，易结交良友，这样能给孩子带来很多很好的发展机会，对孩子的学业发展也很有帮助，对孩子将来步入社会更加有益。每一位爱孩子的家长都要对正在成长中的孩子进行宽厚待人理念的培养和教育，为孩子的美好未来打下牢固的根基。

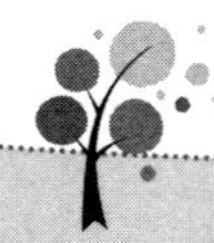

好爸爸箴言：“以宽厚之心待人”一直是社会所推崇的优良品德。为避免功利心侵蚀孩子淳朴的内心，在孩子的成长过程中，培养孩子仁义宽厚的性格是十分必要的。爸爸身为孩子的第一任导师，要教育孩子以一颗善良宽容之心待人，不要斤斤计较，不要尖酸刻薄，要多尊重他人，多理解他人，多体谅他人。

6

培养小男子汉善于交际的能力

但凡成功人士，都具备良好的人际交往能力。人际交往能力不仅仅是一种最基本的生存能力，更是一种成就自我发展的能力。竞争社会里，人际交往能力已经成为个人事业成功的决定性因素之一。从小培养孩子的人际交往能力，有利于孩子的智力发展，有利于孩子的身心健康。

朋友李广亮是个高才生，名校毕业后进入国家部委工作，几年前闪婚生了宝贝儿子乙乙。乙乙是个安静的小子，任何时候都不哭不闹，爸爸妈妈要是没空陪他，他就静静地在一旁玩。乙乙也是个不爱说话的孩子，2岁多了还不怎么开口说话，不定期蹦出一两个单字而已。乙乙似乎很喜欢独处时光，爸爸妈妈带他去小朋友多的地方玩，他也不跟其他小朋友打成一片，自顾自地在一边玩儿。或许有的家长觉得像乙乙这样比较安静乖巧，不爱与人沟通交流的小朋友只不过是性格内向而已，没必要太过忧虑，可是李广亮却不这么认为，他担心儿子过于内向而对他的成长不利，故带他去医院做了全面的检查，诊断结果是乙乙并未有什么生理或是心理上的疾病，但是医生还是建议李广亮加强对乙乙人际交往能力的培养，不能任由乙乙这样“不合群”“不说话”。长此以往的话，孩子有可能会将自我封闭起来。

缺少一定人际交往能力的孩子，沉默寡言，性格孤僻，胆小怕事，总是以自我为中心，这些不良行为将限制孩子的成长和发展，不管是对孩子的现在还是将来都是有害而无益的。那么，该怎样培养孩子具有良好的人际交往能力和提高孩子的人际交往水平呢?

提高孩子的交际水平和能力，口语训练是第一步。由于儿子乙乙很少说话，即使说也只是说一些简单的单字而已，针对此问题，李广亮尽量每天抽一些时间跟孩子进行语言交流，并且有意识地教他说一整句话。比如乙乙肚子饿了只会说“吃饭”两个字来表达自己的需求，李广亮就教他说一整句话，如“爸爸，我肚子饿了，想要吃饭”来准确表达自己要吃饭的需求。另外，李广亮会经常设置一些儿子喜欢的动画情景来跟儿子进行语言交流。比如让儿子扮演大头儿子，他扮演小头爸爸，父子俩还原某一集动画内容，让儿子大胆地复述台词，一句又一句，这样不仅增强和训练了儿子的语言表达能力，同时还能让儿子在不断重复台词的过程中找到自信，之后乙乙慢慢能大胆地开口跟家人和小朋友们说一些话了。可是李广亮并不满足于此，他还给儿子看中英文版的动画片《小猪佩奇》，让儿子扮演主角佩奇，自己扮演佩奇的弟弟乔治，父子俩时而用英语台词对话，时而又用中文台词对话，这对儿子来说是一个挑战。他说得流利就能获得爸爸点赞。在挑战的过程中儿子慢慢爱上双语描述和表达，更加增强了他开口与人沟通交流的信心和勇气。

爸爸们可以向乙乙爸爸学习，用游戏等形式有意识地跟孩子进行语言交流，在交流的时候帮助和引导孩子说完整的句子来准确表达自己的思想情感，之后再强加训练孩子的语言精确度、熟练度以及逻辑性。

借助具体的行为，如通过跟孩子一起看电视、睡前讲故事等来训练孩子说话的能力也是一个不错的方法。李广亮每天晚上都会坐下来陪儿子看电视。当然，这种“陪”绝不是静静的，而是要适时地活动嘴皮子，比如假装好奇地问儿子前面的剧情，让儿子将画面转化为语言描述说给自己听，比如对某个动画人物表示不熟悉，请儿子告诉他这个人物的性格特点和爱好，比如问儿子对未来故事情节的设想，让儿子将遐想的内容用语言表述出来，等等。睡觉之前，李广亮会问儿子幼儿园今天发生了什么趣事、新鲜事，小朋友之间聊了什么话题，老师上课又讲了些什么内容，儿子一边说，他就一边对儿子表述不清的句子进行修正，寓教于乐，不仅增进了亲子间的亲密关系，更加强和训练了儿子的语言表述能力和水平，为培养良好的人际交往能力打下坚实的基础。

将提高孩子语言能力的范围扩大化也是培养孩子良好人际关系能力和水平的有效方法之一，如带孩子走出家门，走进社会，走进人群，鼓励孩子主动打开话匣子与人进行交流和沟通。李广亮经常利用双休日带孩子参加一些亲子论坛组织的户外亲子活动、社会实践活动、游学活动，在活动的过程中不断地鼓励孩子主动跟随行的陌生孩子和大人们进行交流，提高孩子的人际交往能力和水平，促进孩子们的团结协作，增进彼此的感情。活动结束之后，他也鼓励孩子多与活动中认识的小朋友进行电话或是微信联系，长期保持友谊，扩大孩子的人际交往圈子。

相信很多家长朋友都发现了，同龄的孩子比较容易玩在一起，比较有共同语言。所以，培养孩子的人际交往能力，千万别忘记多鼓励孩子跟同龄的小朋友进行充分交往。李广亮建了一个微信群，群友都是儿子幼儿园班上的家长，他常常在假期的时候组织几个家庭一起短途游，让儿子跟班上同龄的小朋友进行更加深入有效的沟通，建立更加深厚的友情，巩固孩子的人际交往能力。

人际交往能力不仅仅是人的一种基本智能，更是人心理健康的一个重要标志。对家长而言，培养孩子良好的人际交往能力和水平是家庭早期教育中非常重要的一项任务，它能够促进孩子心理健康发展，能够提高孩子的社会适应能力，能够为孩子心理健康的发展打下良好的基础。反之，如果爸爸妈妈不及时有效地对孩子进行人际交往能力的培养，任由孩子独断独行、独来独往，极有可能造成孩子心理扭曲，甚至影响孩子其他方面的正常发展。

好爸爸箴言：人际交往是所有人基本的生活需求。对孩子来说，人际交往更有利于他们的智力发展，有利于他们的身心健康发展。如果爸爸妈妈不及时有效地对孩子进行人际交往能力的培养，任由孩子独来独往，极有可能造成孩子心理扭曲，甚至影响孩子其他方面的正常发展。

7

让小男子汉养成持之以恒的好习惯

“我家小朋友学什么都三分钟热度，钢琴买回来没学几天就不学了！”

“我家的小朋友也是！报了个拉丁舞班，不到一个月就哭着不愿去学了。”

常常听到家长抱怨孩子做事情虎头蛇尾、半途而废。学习是一个长期坚持的过程，成功也不是一蹴而就的，任何一个人不经历严寒酷暑的考验，不经历艰难挫折的磨砺，是绝不可能获得成功的。

是的，只有持之以恒才能到达成功的彼岸；只有坚持不懈才能够采摘到胜利的果实。半途而废是一种严重影响孩子学习效率和学习成果的坏习惯，持之以恒是孩子们一生之中取之不竭、用之不尽的宝贵财富。所以，爸爸妈妈在对孩子进行长期教育的过程中，势必要对持之以恒这种非智力因素进行有效地培养和鼓励，尤其是男孩子。有调查显示，男孩子的忍耐性和坚持度明显要比女孩子弱一些。

兴趣是最好的老师。要想孩子能够持之以恒地去学一样东西，就要针对兴趣来选择孩子所学的项目，而不能强逼孩子学他们不感兴趣的项目。同事张斐的儿子培培很喜欢围棋，常常闹着要爸爸送他上围棋兴趣班，但是张斐觉得学围棋没有学钢琴有出息，故执意送培培去学钢琴。起初培培会因为爸爸的权威而乖乖去上钢琴课，学了一段时间，随着老师的要求越来越高、越来越严格，他便很抗拒去上钢琴课了，因为他对钢琴根本就不感兴趣，所以上课的时候总是心不在焉。加之回家又不常练习，所以每次老师检查上节课布置的练习任务时，他总是弹不好，多次下来，明显跟不上老师的教学进度。既然儿子这么不愿意学下去了，就算张斐再怎么生气也没有办法，只能把家里的那台钢琴贱卖掉，让儿子放弃学钢琴。

赏识教育对培养孩子具有持之以恒的好习惯具有非常大的促进作用。很多孩子之所以做什么、学什么都三分钟热度，除了对此不感兴趣之外，更重要的原因是他们缺乏积极主动性。多给孩子一些精神上的支持和鼓励，抑或一些物质上的奖励，便能调动他们的积极性和主动性，有了积极性和主动性的推动，他们自然就能坚持到底了。

堂哥的儿子沐沐还不到4岁的时候就被送去国际外语教学机构学英语。学龄前小朋友学的英语都是口语，而且只是一些简单的常用的单词和句子，因为寓教于游戏之中，小朋友们很喜欢。可是上了小学之后，程度就加深了，不仅要学好英语口语，还有书写练习，沐沐可能一时之间无法兼顾二者，故一说要去上英语兴趣班就发脾气不肯去。堂哥就想到一个精神鼓励和物质奖励相结合的办法，鼓励儿子迎难而上坚持到底。他画了一张表格，儿子去上一次英语兴趣班课程，就给他贴上一面小红旗，集齐5面红旗就奖励他一套他想要的玩具，集齐10面红旗就能邀请他最好的几个朋友到家里开大食会，集齐15面红旗就带他去大型游乐场玩一天，集齐20面红旗就带他外出旅游几天，且每次儿子认真上完课回来，他都会给儿子一个大大的拥抱，再加上一句美美的赞扬，让轻松愉悦的心情和充满诱惑性的奖励陪伴着儿子一直坚持下去。

很多家长朋友在孩子出现半途而废的情形时，发火责骂孩子几句就罢了，这对孩子来说，左耳进右耳出并未有什么损失，故起不到一定的惩戒作用。有奖励就要有惩罚，且惩罚起来绝不能手软，一定要狠下心来给孩子一个深刻的教训，不能只是“意思意思”。张斐在得知儿子实在是不愿继续学钢琴之后，罚他在书房面壁了三个小时，然后又罚他用毛笔抄写“坚持不懈”五百遍，同时还取消了假期带儿子出游的计划，全年不给他一分零花钱，让他深深地记住自己的半途而废受到的残酷惩罚。之后，应儿子要求，张斐送儿子去学围棋，不管天气多么恶劣，儿子从不落下一节课，并向爸爸保证，不管今后遇到什么样的困难都会坚持学下去，再也不会半途而废了。

经常听到一些家长抱怨孩子连扫地、擦桌子这等小事都不能坚持做完就去做别的事，根本就无法指望他们能够专心致志、一心一意地学一门技艺。确实，如果做一点儿小事都不能坚持到底的话，自然也没有办法持之以恒地做大事了。培养孩子具备坚持不懈的精神品质，得从小事做起。很多小朋友经常兴致勃勃地说要帮爸爸妈妈干家务，可是拿了扫把扫两下地就去看电视了。这种时候，家长不能坐视不理或是迁就放任，任由孩子“玩玩”就算了。要极为认真地告诉孩子，既然要帮爸爸妈妈做家务，就一定要坚持做完、做好，而且最好能够长期坚持，不能想做就做一下，不想做就不做，必要时可以采取适当的强制手段尽量督促孩子坚持到底。

为孩子树立好榜样对培养孩子持之以恒的好习惯也具有一定的推动作用。当然，这个榜样不仅仅是父母，还可以是名人和伟人。经常给孩子讲一些名人、伟人通过持之以恒地努力最终获得成功的故事来鼓励和感染孩子，让孩子以他们为榜样不断地督促和鞭策自己，明白不管做任何事都要坚持不懈、善始善终。

持之以恒才能获得最终的胜利。家长朋友们一定要尽力培养孩子养成持之以恒的好习惯，且在培养的过程中一定要坚持到底，绝不松懈，不能因为一时心软而对孩子让步。要知道，你给了孩子一次半途而废的机会，就会有第二次、第三次……为了孩子能够健康快乐地成长，为了孩子能够有个美好的未来，家长朋友们一定不能让“持之以恒”变成一句教育孩子的空话。

好爸爸箴言：半途而废只会折断成功的双翼，持之以恒才能获得最终的胜利。对孩子而言，持之以恒将是他们一生中取之不竭、用之不尽的宝贵财富。所以，爸爸妈妈在对孩子进行长期教育的过程中，一定要对持之以恒这种非智力因素进行有效的培养和鼓励。

8

引导小男子汉直面失败与困难

世界上没有哪位爸爸妈妈是不爱自己的孩子的，正是因为爱，所以不舍得也不忍心看到自己的孩子失败受挫、受委屈，所以尽可能地帮孩子扫清一切障碍，让孩子在无风无浪的人生湖海中平稳地前行。不可否认，爸爸妈妈对孩子付出了一份真心和苦心，我们也能理解爸爸妈妈对孩子如此深厚的爱，但是这样做，对孩子真的好吗？

把孩子保护得严严实实的，不让孩子去吃苦，不让孩子遭遇挫折，不让孩子去面对困难。表面上看是对孩子好，可仔细一想，爸爸妈妈不可能时时刻刻陪伴在孩子左右，孩子总会有独立生活、独自面对一切的一天。待那一天到来之后，一旦孩子真的遇到了什么困难挫折不会独立思考问题，不会自己想办法解决问题，只会不知所措地等着爸爸妈妈来搭救。如果爸爸妈妈赶来不及时，或者爸爸妈妈也无心无力，该如何是好呢？这不是给孩子埋下悲剧的种子吗？

挫折是人生的组成部分之一，没有谁能在一生之中不与艰难挫折正面相遇的，只有接受它、克服它，人才能够成长。爸爸妈妈们必须充分认识到这一点，对孩子进行一定的挫折教育，适当放手让孩子自己去克服困难、迎击风雨，在不断跌倒爬起中增强抗挫折能力，这样才能在激烈的社会竞争中立于不败之地。

那么，该怎么对孩子进行挫折教育，让孩子能够直面失败与困难呢？

首先，要从认识自己开始。人，只有正确地认识自我，才能够不断地完善自我、提升自我、超越自己。帮助孩子认识自己，并不只是让孩子知道自己的特点，知道自己的长处和短处，更重要的是要向自己传递三个理念，第一个是“我重要”。让孩子感到“我重要”，这是帮助孩子树立自尊心的先决条件。第二个是“我能干”。由于生活中处处存在着危险，爸爸妈妈在孩子还小的时候会坚决制止孩子去做一些有危险隐患的事情，比如烧开水、炒菜之类的家务事，在孩子很好奇地想要去做这些事时被爸爸妈妈严令制止，孩子难免心中会滋生出“我无能”这种消极的想法，所以爸爸妈妈们可以制造一些能让孩子做的但是不存在危险性的家务事，比如扫地、洗菜、洗碗之类的家务事，给孩子灌输一种“我能干”的思想，这有助于他们更好地认识自己的实力，增强孩子的自信心。第三个是“我也行”。即使家长朋友们不再拿自己的孩子跟别的孩子比，但是孩子自己也会暗暗地跟其他小朋友比的。爸爸妈妈要多加留意，若是自家的孩子比较在意谁家的孩子有什么特别出彩之处的话，可以制造一些机会让孩子也去尝试一下，不管孩子做得好不好，都要肯定孩子的努力，告诉孩子：“只要你努力了，就一定能行的！”孩子在爸爸妈妈的鼓励下，会得到足够的信心和勇气去超越别人。

其次，身教重于言教。以爸爸妈妈自己对待挫折、对待困难的态度和行为来潜移默化地影响孩子。老同学莫焕生为了培养儿子庄庄的抗挫折能力，首先从自己做起。他从不在儿子面前抱怨半句有关工作辛苦、赚钱辛苦之类的话，而是常常跟儿子讲自己在工作或生活上遇到的困难和挫折，告诉儿子自己是怎么努力想办法解决的，儿子在他乐观积极的精神和态度的影响下，遇到困难挫折时并不无所适从，也不消极懈怠，总是自己先积极地想办法去解决，实在解决不了了才找爸爸妈妈帮忙解决。

抗挫折能力的培养，光有理论没有实战也是不行的。莫焕生会花心思创设一些存在一定困难和挫折的情境，让庄庄去面对和解决。比如带儿子去郊外野炊，他故意不带打火机和引火的东西，让儿子去附近的农户家里借；比如带儿子去买东西，他故意不带够钱，让儿子想办法解决，儿子往往打电话叫妈妈送钱来，或是跟老板协商先付定金，或是留个东西做抵押，提货之后补清货款；比如晚餐做到一半，家里的燃气灶打不着火了，他没有自己去解决，而是问儿子该怎么办，让儿子去处理……莫焕生把遇到的困难和挫折丢给儿子，儿子不得不直面这些困难，然后再动脑筋想解决的办法，在解决困难的过程中不仅能让儿子获得抗挫折的能力，还能让儿子在成功解决问题之后获得克服困难的成就感。今后不管遇到多大的困难和挫折，相信他会有信心和勇气直面去克服、去解决。

孩子真正遇到挫折和困难时，心情一定很不好，情绪也一定很不稳定，这就需要爸爸妈妈进行安慰和疏导，而不是指责谩骂或是挖苦讽刺。有一次数学期末考试，庄庄还差一分就拿到满分了，这一分之差使他失去了年级第一的“宝座”，他难过得眼泪哗哗哗地流。莫焕生抱抱儿子，让孩子先不要难过，不要消极应对，而是要勇敢地面对它。待儿子情绪稳定一些后，他耐心地帮儿子分析丢分的原因，叮嘱儿子下一次考试的时候一定要细心细心再细心。最后，他告诉儿子，挫折是日常生活中的一部分，每个人总会有不如意的时候，我们要用一颗平常心去看待它，绝不能被它打垮，要勇于进取，想尽办法克服和解决。

那些获得重大成就光芒四射的名人和伟人，哪一个不是在挫折中奋勇抗争最终通往成功的彼岸的？哪一个不是在布满荆棘的道路上一次次地摔倒、一次次地勇敢爬起继续艰难前行的？哪一个不是在一次又一次的失败中寻找着、摸索着，最后攻克了不知多少艰难险阻才获得最终的胜利的？常常跟孩子讲一些名人和伟人直面困难勇敢向前的事迹，让孩子心中有榜样，行动有鞭策，这也是挫折教育行之有效的方法之一。

现在的孩子绝大多数都是在赞美声中长大的，即使是做错了什么事，爸爸妈妈也都是象征性地说两句而已，很少有爸爸妈妈会动真格狠狠地训斥孩子的。赏识教育在家庭教育中占主导地位不是不好，但是孩子做错了事，如果仅是简单地说几句让孩子以后不要再犯了就完事的话，并不能起到震慑作用，对于一些调皮的孩子来说，说两句不痛不痒的话，对改正错误完全没有半点儿作用。在此，我想提醒各位爸爸妈妈的是，批评教育也是挫折教育的一种。相信在学校里，老师对于表现不好或者做错事的孩子，必然会对其进行严厉批评和教育的。在家里做错事并未受到严厉批评的孩子，一旦在学校受到老师的批评，很有可能会情绪低落、信心丧失，严重的还有可能会恼羞成怒，做出一些过激的行为以示反抗。所以，爸爸妈妈们还是要适当地给予孩子严厉的批评和教育，该惩罚的时候就惩罚，决不能手软和心软。

挫折是成长道路上一道亮丽的风景线，爸爸妈妈不仅要鼓励孩子勇敢去面对，还要鼓励孩子大踏步地跨过它。只有直面失败、直面困难、直击挫折，孩子脚下的步伐才会更加坚定、更加有力。

好爸爸箴言： 挫折是人生的组成部分之一，没有谁能在一生之中不与艰难挫折正面相遇的，只有接受它、克服它，人才能够成长。爸爸妈妈们必须充分认识到这一点，对孩子进行一定的挫折教育，适当放手让孩子自己去克服困难、迎击风雨，在不断跌倒爬起中增强抗挫能力，这样才能在激烈的社会竞争中立于不败之地。

第五辑

好爸爸

是小公主的保护神

爸爸就像是一棵大树，孩子就像是大树下的一棵幼苗，靠着爸爸高大的「枝干」遮风挡雨。对女孩子而言，爸爸就是她们的保护神。有爸爸在，一切困难都打不倒她们；有爸爸在，一切狂风都吹不倒她们；有爸爸在的世界，便是美好的世界；有爸爸陪伴的人生，便是幸福的人生。

1

让她的童年感觉到安全和幸福

相信全世界的爸爸妈妈都有一个共同的心愿——希望自己的孩子能够健康成长，能够永远幸福快乐。幸福感，往往是与安全感相依相伴的。缺乏安全感的孩子不可能有幸福感，有幸福感的孩子，必然是安全感满满。

那么有人就要问了，孩子是什么时候开始对安全感和幸福感有所期待的呢？是从有认知能力的那一刻起吗？在此，我要告诉大家的是，孩子的安全感和幸福感形成的最佳时期是童年时代。孩子的童年应该是安全感和幸福感并存的，而能给予孩子绝对安全感和幸福感的，只有那个被孩子称之为

‘有大树的怀抱’的妈妈和爸爸。那么，爸爸要怎么做，才能使孩子在童年时代就能够被安全感和幸福感包围呢?

之前，朋友在报纸上写育儿专栏时，曾收到一位10岁的小女生珊珊写来的信件，珊珊在信中说她很没安全感，觉得自己很不幸福，原因是爸爸情绪很不稳定，一有点儿不顺心的事就对她、对妈妈甚至是对爷爷奶奶大吼大叫，家里人做了一点儿不如爸爸意的事，爸爸就破口大骂，有时急起来还会抡起巴掌捶打桌子泄愤。不过，平时爸爸是很疼她的，常常带她出去旅游，也会每天抽些时间陪她写作业。尽管如此，珊珊还是很怕爸爸，只要一看到爸爸脸色沉下来就立马跑回房间躲起来。根据珊珊提供的她爸爸的手机号码，朋友打过去跟珊珊爸爸聊了好久好久，最后珊珊爸爸接受朋友的建议，尽量控制自己的情绪，遇到事情尽量舒缓自己的情绪，不再在家人和孩子面前发狂，帮助孩子把安全感和幸福感找回来。

情绪稳定的爸爸才能带给孩子安全感和幸福感。不要以为孩子小不懂事，其实孩子是很敏感的，你的一举一动孩子都看在眼里，你一旦情绪不稳定发飙，或许家人会觉得你发泄完了就好了，但是你发泄的过程已经对孩子造成了伤害，会让她们感到紧张和害怕，久而久之还会形成一定的心理阴影，对她们的成长极为不利。所以，爸爸们一定要学会控制自己的情绪，别让孩子看到自己不沉着、不冷静乱发飙的可怕样子。

爸爸妈妈之间的感情好与不好，与孩子的安全感和幸福感有着直接的关联。常常听到朋友说，他们偶尔会问孩子这样一个看似比较无聊但是信息量又很大的问题：要是有一天我跟你妈妈离婚了，你要跟谁一起生活？或许爸爸在问孩子这个问题的时候，并不是真的夫妻感情不好要离婚了，他们只是好奇，在爸爸和妈妈之间，孩子到底会爱谁多一些，或者说跟谁在一起会比较快乐一些。然而，他们并不知道，一旦这个问题问出了口，必然会对孩子造成一定的伤害。孩子会紧张，会不安，会揣测，甚至会觉得自己很快将不再有温暖的家了。所以，不到万不得已的地步，千万不要问孩子这种具有“杀伤力”的问题。更重要的是，千万不要当着孩子的面跟妻子吵架。对孩子来说，父母感情良好，家庭和谐、稳定，安全感和幸福感才会伴随在她们左右。

有些爸爸“望女成凤”的心切实在是太迫切了，孩子稍微有点儿做得不好，或者说达不到他预定的要求，他就大声训斥孩子，大声责骂孩子，不管孩子是否可以理解你这种爱她的表现，你都伤害了孩子。孩子做得不够好，未必是孩子不努力的结果，很可能还有其他的原因在里面。爸爸要做的不是责骂、训斥孩子，而是要跟孩子一起找原因，然后鼓励孩子加倍努力，争取下次能够达到你的要求。不管多小的孩子都会有感觉的，也都是有感情的，常常受到爸爸责骂的孩子，不仅对自己没有多大信心，甚至对未来也不会抱有太美好的希望，自然也就不会有动力去实现自己的愿望和理想了，如此的话，何来安全感和幸福感呢？

每一个孩子都有自己的长处，自然也会有自己的短处。有些爸爸对于孩子的缺点和短处并不是采取包容的态度，反而对孩子进行讽刺和挖苦，以为这样能够激起孩子改进的斗志。殊不知，恰恰相反，挖苦和讽刺只会在孩子的心里压着一块沉重的大石头，让孩子感到“羞耻”，感到无助，有的孩子甚至因此对爸爸或是对社会产生敌意，这样做不是硬生生地把安全感和幸福感从孩子身边赶走吗？

此外，千万千万不要在外人面前说孩子的不足之处，孩子的自尊心是很强的，不熟悉的人说自己不足或许她还可以接受，但是她最亲的人在外人面前说自己的不足，她就接受不了。有个朋友在跟我们吃饭聊天的时候聊到了遗传基因，他竟然摇摇头说："真没想到我们夫妻两个都长得这么好，可是我们的女儿却长得那么不让人待见，有时真怀疑是不是抱错了。"说完，他还意味深长地看了一眼坐在自己身旁的女儿，他女儿听爸爸这样说立马起身流着泪跑出去了。

对孩子来说，全世界的人都可以笑话她这里不好，那里不足，但是自己最爱的爸爸就不能，因为爸爸是她的阳光，是她的雨露，是她的依靠，如果连爸爸都嫌弃自己了，还会有人不嫌弃自己吗？当着外人的面说自己孩子的不足是对孩子最致命的伤害。

邻居家小美本来每天都是开开心心地去上学的，可是突然有一天，她阴沉着脸去上学，放学回家脸也是阴沉沉的。我问她怎么了，她说，爸爸生病住院了，妈妈在医院照顾爸爸，身体不太好的奶奶从老家来照顾自己。她听到妈妈跟奶奶打电话说爸爸病得很严重，恐怕要住院治疗很长时间，奶奶哭得好伤心，她突然觉得天都快要塌下来了。健康的身体是给孩子带去安全感和幸福感的基本保障。不管工作再忙，生活再累，也不能拖垮自己的身体，爸爸一定要倍加爱惜自己的身体，绝不能让病魔把你、你的孩子，甚至你们全家的幸福感和安全感都给夺走。

工作了一天回到家，累得只想躺在床上什么也不说，什么也不做，就这么静静地闭目养神是最惬意的。可是这时，孩子总会像只小鸟一样叽叽喳喳地在你耳边吵，跟你说学校里的事，跟你说老师交代的事，跟你说放学路上看到的事情，等等。如果孩子兴致勃勃地跟你说话，你因为身体困乏而拒绝听孩子说话，拒绝跟孩子交流，也会在一定程度打击孩子幼小的心灵。孩子是因为爱你，因为把你当朋友，所以才会絮絮叨叨地跟你说一些让你听起来觉得是鸡毛蒜皮的小事，你不该拒绝孩子，不该打击孩子沟通的欲望，最佳的做法是表现出兴致勃勃的样子跟孩子进行互动，让孩子感觉到跟爸爸聊天、跟爸爸交流是一件再幸福不过的事了。

有研究表明，孩子在童年时期若是没有形成一定的安全感和幸福感，长大之后是很难适应和融入社会这个大家庭的，她们的性格也必然会存在一定的缺陷，有的孤僻，有的焦虑，有的急躁……为了孩子能够快乐地成长，能够永远地幸福，请在孩子童年的时候就送给她一份超级大礼——安全感和幸福感，让她从小在安全和幸福的环境下慢慢长大，让她此生都不孤单、不寂寞、不焦虑、不急躁。

好爸爸箴言： 孩子的童年是否具有安全感和幸福感，这对孩子的人格形成具有不可磨灭的影响，同时那也决定着孩子一生的幸福走向。深深地爱着自己孩子的爸爸们，若想让你们的小公主毕生都能够幸福安康，那么请给她一个幸福快乐的童年，让她在成长的过程中时刻都有安全感相伴左右。

2

教会她好好地保护自己

社会太繁杂，危险时时处处都存在。一些恶性事件时有发生，这不仅会对孩子的生理和心理造成不可磨灭的伤害，对任何一个家庭而言，也是极具毁灭性的破坏。

女儿天生就是爸爸的小情人，保护自己的小情人是每一位有女儿的爸爸这辈子最大的职责。可是，爸爸又不能时时刻刻陪伴在女儿左右，而危险又时时存在。该怎么办呢？与其烦恼不能时时为女儿撑起一把保护伞，不如教给她自我保护能力，让女儿能够凭自己的能力好好地保护自己，使自己远离危险。

首先，要告诉女儿，千万要跟陌生人保持距离，对于陌生人的搭讪坚决不予理会，对于陌生人说的话坚决不相信，对于陌生人送的礼物坚决不要，对于陌生人给的食物、饮料坚决不喝。

朋友王成山10岁的女儿路亚一般都是自己去上学的，放学也是自己回家的，因为家和学校距离很近，只隔一条马路。那一天，路亚照常自己放学走路回家，走着走着突然有个年轻的大哥哥跑到她跟前，递给她一个平板电脑，说是她爸爸托他拿来送给路亚的。他告诉路亚，他是路亚爸爸的下属，还说路亚爸爸今晚想带她去外面吃饭，但是他开会无法来接路亚，就派他来接路亚。

路亚想要平板电脑很久了，也跟爸爸提过自己想买一部平板电脑的愿望，望着眼前这个只要一伸手就能拿到的平板电脑，路亚有些心动了。可是她想起爸爸一而再、再而三地叮嘱过她："不要接受陌生人送的礼物，更不要跟陌生人走！"故她假装生气地瞅了瞅那个大哥哥和平板电脑一眼，说："我跟爸爸说要粉色的，他怎么给我买了白色的啊？可以换成粉色的吗？"大哥哥急忙应道："可以，可以！我现在就带你去换粉色的好不好？”说完，他还伸手来牵路亚的手，路亚赶紧把手插到口袋里，假装点点头，然后慢慢跟在大哥哥旁边走，不过她的眼睛四处扫视，看看能不能找到什么人救自己或是找到机会逃跑。走了没几步，路亚看到同班同学黎黎的爸爸正朝她走来，她急忙冲上去拉住黎黎爸爸的手说：“叔叔，黎黎的作业本在我书包里，你拿回去给黎黎吧，不然她今晚没有作业本写作业了。”大哥哥看到路亚碰到了相熟的人，做贼心虚的他一溜烟地跑了，路亚这才松口气，赶紧让黎黎爸爸帮她给爸爸打电话，让爸爸来接她。

王成山接到黎黎爸爸的电话，吓了一大跳，他说幸好平时自己教女儿如何保护自己，教女儿务必要远离陌生人，教女儿在遇到陌生人要拐带自己时该如何自救，不然后果真是不堪设想啊。

其实，除了叮嘱孩子要注意人身安全外，还要告诉孩子注意居家安全隐患，时刻牢记110、120等紧急求助电话。叮嘱孩子家里所有的电器、电路都要小心使用，不能随意去触碰，更不能因为好奇而去拆卸。同时还要告诉孩子，若是遭遇了地震、火灾或是水灾该怎么办。为了让女儿能够在遭遇天灾人祸时，第一时间保护好自己，我们家曦爸把女儿送到儿童特训营去训练。特训营里有模拟地震、火灾和水灾的项目，有专业的老师教孩子如何逃生。学会了之后，曦爸在家里又多次跟女儿实地演练，务必让孩子在遇到这种天灾之时能够正确逃生，如果有余力的话，还可以帮助其他人顺利逃生。

环境防灾也是自我保护教育的内容之一。爸爸们可以通过情景演示、书本知识讲解、动画故事讲解等方式告知孩子如乘坐汽车、轮船、飞机等交通工具遇到险情时该如何保护自己；乘坐电梯遭遇故障时又该如何求救等，让孩子时刻警惕危险事故的发生，充分保护好自己。

交通安全也是教孩子保护好自己的十分重要的一课。“红灯停绿灯行”“走斑马线过马路”等交通规则必须要让孩子牢记，并且务必要让孩子严格遵守。“逆行”“在马路上打闹”等危险行为严令制止，绝对要将车祸这等悲剧扼杀在萌芽之中。一旦发现孩子存在不严格遵守交通规则的行为，哪怕只是抢行了半秒，也要狠狠地进行批评教育，绝不能让孩子忽视交通安全，罔顾自己的生命安全。

教孩子一些简单的医疗常识、急救方法也是非常必要的。日常生活中，磕磕碰碰的事时有发生，如摔伤、烫伤、扭伤、骨折、脱臼等，如果孩子具有一定的医疗常识，就能够及时进行自救处理了。另外，爸爸也要教孩子去不同的地方要做好不同的防护措施，如去郊外，就要做好防毒蛇、防蚊虫叮咬等措施，在户外运动要做好防晒、防雨措施，同时还要注意衣着服饰，去登山就要穿上登山鞋而非皮鞋，等等。

曾经在小区游乐场看到过这样一个情景：一个大约七八岁的小男孩掀开一个约六五岁的小女孩的裙子看。小女孩的爸爸看到了，急忙上前把小女孩给拉走，然后小声地在小女孩耳边嘀咕了一句，小女孩点点头表示知道了。我想，那位小女孩的爸爸一定是在提醒女儿今后绝对不能让男生掀起自己的裙子看吧。是的，爸爸务必要教女儿保护好自己的身体不被人非礼或是侵害，要告诉孩子，身体的某些部位是必须应该被衣服所遮挡的，不许别人看，更不许别人触摸。

女儿就像是一朵含苞待放的花朵，需要细心地呵护才能开得灿烂、开得璀璨。爸爸是女儿这辈子最值得信赖的保镖，爸爸不仅要保护女儿周全，保证女儿健康成长，还要起到给孩子传递保护自我意识、自救技能的作用，使孩子在遭遇危险时能够启动自我保护意识进行自我救助，而不至于在遭遇危险时惊慌失措贻误了最佳自救时机，造成不可挽救的悲剧。

好爸爸箴言：女儿是爸爸的小情人，保护自己的小情人是每一位有女儿的爸爸这辈子最大的职责。可是，爸爸又不能时时刻刻都陪伴在女儿左右，而危险却又时时处处都存在。那么最好的办法就是教会女儿好好地保护自己，让她远离危险。

3

将快乐的内涵传递给她

虽然很多家长口口声声说，希望孩子长大了能够出类拔萃，能够有所作为，但是在健康和快乐面前，什么功成名就、什么出人头地都显得特别渺小。所以，现在越来越多的家长已经不再对孩子报以那么大的期望，施以那么大的压力了，只要孩子能够健康地成长、快乐地生活，就满足了。

女孩子是爸爸的贴心“小棉袄”，让这位贴心的“小棉袄”变成快乐的小精灵健健康康地成长，是爸爸最大的心愿。可是快乐并不是与生俱来的，是后天形成的，这就需要爸爸将快乐的内涵传递和输送给孩子，让孩子在爱与被爱中畅享快乐生活，拥有一个快乐人生。

将快乐的内涵传递给孩子的第一步是尊重和理解孩子，与孩子进行心与心的相交，做孩子最好的朋友。

带孩子去参加亲子游的时候，曾经遇到过一对同去旅游的父女，不知道是不是受单亲家庭的影响，爸爸对女儿非常不友好，跟女儿说话都是带着呵斥的语气，而且爸爸还很不尊重女儿，女儿想要表达什么想法时，他总是打断，完全不给女儿把话说完的机会。所以，那个小女孩总是一副愁眉苦脸的样子，完全不觉得爸爸带她出门旅游是一件愉快的事。我找了个机会跟小女孩的爸爸聊天，我问他爱不爱自己的女儿？他毫不犹豫地回答说当然爱了！不爱的话怎么会花钱、花时间带她出来旅游啊！然后我又问他，对女儿有什么希望吗？他说，他没办法给她一个完整的家庭，但还是希望她能够健康快乐地成长。于是我反问他："可是，你跟她说话的方式那么不友好，甚至都不给她机会表达自己心中的想法，连她最亲的人对她都那么不尊重、那么不友好，你觉得她会活得很快乐吗？"他沉默了。之后，同游的几天时间里，我明显感觉到这位爸爸对女儿的态度好很多了，女儿的脸上慢慢开始有了笑容。

很多爸爸都走进了一个误区，以为给孩子好的物质生活、好的生活环境，甚至是常常带孩子去旅游，孩子就会觉得幸福、觉得快乐。其实，孩子需要的是心灵上的契合和交流，需要得到爸爸绝对的尊重和理解，需要爸爸用心跟自己交流，如一句简单的问候，一句暖心的鼓励，一个真诚的微笑，一个点赞的动作……

当今社会生存压力有多大，竞争有多激烈，不用说大家都知道。正是因为压力大、竞争激烈，身为家庭经济支柱的爸爸，为了家人和孩子能过上宽裕的生活，每天都在职场上奋力搏杀，业绩好的话，心情自然好，业绩不好的话，心情自然就不好了。有些爸爸喜欢把工作上的不良情绪带回家，不仅对妻子黑脸，对孩子也是一张苦脸。看到爸爸那张不开心的脸，孩子又怎么会开心起来呢？有些敏感的孩子还会胡思乱想，觉得是自己不听话、学习成绩不好让爸爸不高兴了，所以会内疚和自责，长此以往，孩子会觉得越来越压抑，越来越不开心。

将快乐的内涵传递给孩子的第二步便是微笑。不管在外面经历多少风雨洗礼，不管在外面接受多么严峻的考验，也不管心里有多少不顺心的事，回到家，在孩子面前，爸爸要尽量保持微笑，让孩子在微笑的感染下，开心起来，快乐起来，让整个家都弥漫着快乐因子。

同事老王接了一个电话后就笑嘻嘻地跑出去了，回来的时候手上捧了一个大大的包裹。原来刚才老王飞奔出去是去楼下拿快递了。什么快递让老王这么在乎呢？待老王拆开之后，我们看到快递箱里装的是几个1974年“出生”于日本的蒙奇奇娃娃。老王说，他女儿有一次在同学家看到了蒙奇奇娃娃，不知道多喜欢呢，回来之后就跟他说，她要把零花钱都存起来买个蒙奇奇娃娃。为了满足女儿的这个小小心愿，他特意托在日本的朋友帮忙买了几个蒙奇奇娃娃邮寄过来，将在女儿12岁生日的时候送给她，给她一个惊喜。老王说，满足孩子的小心愿可以给孩子带去欢乐，带去幸福感，何乐而不为呢？是的！偶尔满足孩子的一些小心愿，是将快乐的源泉传递给孩子的一个好办法。

不管是大人还是小孩，都有情绪不好的时候。在孩子心情不好的时候，爸爸要充当一个静静的听众，听孩子倾诉，让孩子把心里所有的不满和委屈说出来。但是，有些时候还是不够解气，面对这种情况爸爸该怎么办呢？这就需要爸爸们引导孩子采取正确的方法去发泄，如弹弹琴、敲敲鼓、打打球，抑或是打打游戏之类的，让孩子尽情地泄愤，尽情地将心中的苦与痛发泄出来，把不愉快的情绪都倒出来了才能把开心和快乐装进去。帮助孩子寻找到适合发泄的途径是给孩子带去快乐源泉的又一个好方法。

在这个兴趣班当道的社会，绝大多数孩子在课余时间都得上一两个甚至多个兴趣班。有的兴趣班是孩子自己喜欢的，有的是家长硬逼着去的。孩子喜欢上的兴趣班，自然就会开开心心地去学了。孩子不喜欢上的兴趣班，在跟家长商量取消而得不到家长赞同的情况下，她们只好苦着脸硬着头皮去上，每上一节课对她们来说都是一种折磨。这样的学习生活，孩子会快乐吗？有可能会学有所成吗？要想孩子能够活得快乐一些，学得轻松一些，请给孩子创造一个快乐的学习空间。不要强迫孩子参加你自己认为大有前途的兴趣班，要允许孩子按照自己的兴趣来选择所要上的兴趣班，并且进行重点培养。对孩子不喜欢的兴趣班，你可以先加以引导，让孩子先尝试学一段时间，若是一段时间之后孩子还是学得很辛苦、很不愉快，那么请放过孩子吧。

前段时间跟我10岁的侄女聊天的时候，她说爸爸总是让她跟他分享学校里发生的趣事，分享她跟好朋友之间发生的愉快的事，而爸爸总是不跟她讲他工作上的趣事，跟同事、朋友间发生的愉快的事。她曾主动问过爸爸很多次，可是爸爸总是说："说了你也不懂，还是不说了。"侄女说，爸爸不跟她讲工作上的烦恼她可以理解，但是为什么不肯跟她分享他的快乐呢？不要以为孩子不懂大人的世界，不懂大人的心理，所以拒绝跟孩子分享自己的快乐，这对孩子来说是一种无形的伤害，她们会觉得爸爸不把她们当真朋友。所以，身为女儿好闺蜜的爸爸，不仅要常常引导女儿跟自己分享一些学习、生活中发生的趣事，有空的时候也可以多跟女儿分享自己的快乐事，把女儿当成自己的一个小听众，这不仅能够给孩子带去愉悦感，同时还能增进父女间的感情。

快乐是一种感觉，一种直击心灵最深处的真实感觉，是人最基本的正面情绪之一。孩子若是拥有一个快乐的童年，每天都有快乐的情绪相伴，对她们的身心发展都十分有益。所以，爸爸们要将快乐的源泉注入孩子的心灵，让快乐情绪始终围绕着孩子，让孩子能够受益终身。

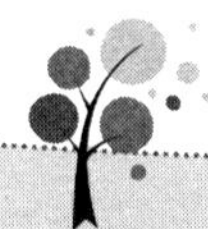

好爸爸箴言：女孩是爸爸的贴心“小棉袄”，相信每一位爸爸都希望自己的“小棉袄”能够拥有快乐的人生。但是快乐并不是与生俱来的，是后天形成的，这就需要爸爸将快乐的内涵传递和输送给孩子，让孩子在爱与被爱中畅享快乐生活和快乐人生。

4

教会她体贴他人

“其实，从孩子出生的那一天起，我和妻子所有的辛苦付出都是为了孩子，说实在话，我们真不求女儿将来能够给我们多少钱、多大的房子，以及她有多大的出息来回报我们，不过，内心还是有点儿小期待的，比如一句暖心的话，一个搀扶的动作，一份小小的礼物……这些应该就是我们最想要的，也是女儿对我们悉心照顾她、用心培育她的最好的回报吧。”曾在一个少儿节目中，听到一个约40岁的男人如是回答主持人提出的“想要自己的女儿如何回报自己的养育之恩”的问题。

确实，每一位爸爸全心全意地爱孩子，尽心尽力地呵护孩子都是不求回报的，但是，他们还是期望孩子能够对自己体贴一些、温柔一些，给自己的心灵带来一点儿宽慰的。所以，爸爸们要尽力教出一个懂得为别人着想，懂得理解和体贴他人的女儿，这不仅能够温暖自己的内心，还能够带给孩子好人缘、好福报。

若要孩子学会体贴他人，自己首先要体贴妻子、体贴母亲。有个朋友有一次到国外出差半个月，回来后，没带钥匙的他站在家门口敲了半天的门，女儿都没给他开。后来他打电话给女儿，问女儿有没有听到敲门声，女儿说听到了，他问女儿为什么不开门，女儿说不知道是不是陌生人不敢开，他说你不会从猫眼向门外看吗？是家里人或是认识的人就开门啊。女儿是这么回答他的：“家里人自己有钥匙，认识的人想要来家里玩会事先打个电话预约的。”好吧，他表示说不过女儿。好不容易女儿给他开了门，他放下行李困成一摊烂泥，让女儿给他倒杯水喝，女儿回了他一句：“你自己不会倒吗？”他顿时就来气了，大声问女儿，自己辛辛苦苦养育她长大，难道让她倒杯水都不行吗？难道就不能体贴一下在外工作的亲爹吗？女儿白了他一眼道：“平时又没见你体贴一下妈妈！妈妈为了这个家不知道吃了多少苦呢！”女儿说得没错！自己没做好榜样，不体贴妻子，又怎么能要求女儿能够体贴别人、体贴自己呢？父母就是孩子的一面镜子，你笑孩子就笑，你哭孩子就哭，你不体贴别人，孩子自然也不会体贴人！所以，爸爸要“从我做起”，用自己体贴和关爱他人的实际行动来教导孩子、感染孩子，让孩子也学会体贴和关爱他人。

现在的孩子娇生惯养，不少孩子只知道索取而不知道奉献的。培养一个懂得体贴他人的孩子，切勿忘记对孩子进行奉献教育和感恩教育。朋友蓝山的母亲常常念叨蓝山不会教育孩子，原因是他13岁的女儿蓓蓓对他们二老不冷不热的，每次去他们家，别说是帮二老洗洗碗、捶捶背了，有时甚至想听孙女叫一声自己“爷爷”或是“奶奶”都是奢侈，难为二老一把屎一把尿的把她带到3岁，每逢过年过节都给她准备一大堆礼物，周末知道她要来家里吃饭，更是忙活一天为她准备一桌子好菜好饭。看到孙女这么不懂事，这么不贴心，他们不知道多伤心呢。蓝山对此很忧心。我告诉他，你得想办法让你的女儿学会奉献而不是一味地索取，你要抓住任何一个可以用来教育女儿的瞬间教会女儿懂得感恩，绝不能让女儿做个不会体贴和关爱他人的人。

为此，蓝山想到用换位思考的方法来教导女儿要体贴他人。某个周日的早上，蓝山早早就把还在睡梦中的女儿叫醒，说爷爷奶奶要来家里吃午饭，妈妈加班不在家，招待爷爷奶奶的重任就交给他们父女俩了。蓝山说自己不太会买菜做饭，需要女儿从旁大力协助。女儿只好陪着他一起去菜市选购食材。好不容易买好了菜回家，蓝山突然接到一个电话要赶一份材料，于是他急匆匆地进书房打开电脑工作了，留下女儿一个人在厨房战斗。女儿哪里会做哦，不过在妈妈的电话鼓励之下，她还是硬着头皮做了。忙乎了三个多小时，终于做出了几个没有卖相也没有味道的小菜，可是爷爷奶奶和爸爸妈妈都吃得很开心。午饭之后，蓝山主动给女儿按按摩，感谢女儿辛苦一上午为全家人做饭。在按摩的过程中，蓝山问女儿做饭辛不辛苦？女儿毫不犹豫地答道：当然辛苦了！于是蓝山叹口气说，你这么年轻做两个菜就嫌辛苦了，爷爷奶奶一把年纪了还常常给你做一桌子的好菜呢，怎么不见他们叫辛苦？蓓蓓听罢爸爸的话，不好意思地看着爷爷奶奶，爷爷奶奶笑呵呵地说：“只要蓓蓓爱吃就好！”蓓蓓感动得眼泪都流出来了，从此以后，她学会了感恩，学会了体贴人。

每一个孩子都有自私、执拗、任性、不讲理甚至是小气的一面，爸爸要正确看待孩子的这些缺点，努力帮助孩子改正这些缺点，让孩子懂得人与人之间的相处需要互相体贴和互相关心。朋友陈玉海的女儿往往是一个很任性、很不讲理的小女生，跟小朋友一起玩的时候，玩什么怎么玩都要听她的，若是有小朋友不肯听她的话，她就动手打别人。陈玉海意识到女儿这种行为是很不利于其成长和交友的，故想办法帮助女儿改变这种不良行为和习惯。陈玉海跟女儿商量说周末的时候要邀请一些朋友来家里玩，这些朋友会带上小朋友一起来，招呼小朋友的艰巨任务是不是可以交给女儿。身为家里小主人的女儿表示很乐意接待小朋友。陈玉海问女儿准备怎么接待小朋友呢？是不是要大方一些把自己的玩具拿出来跟小朋友一起玩呢？女儿点点头。到了周末，小朋友们来了，女儿确实很大方地把所有的玩具都拿出来跟小朋友一起玩，不过，执拗的她要求小朋友按照她的玩法来玩，不允许小朋友按照自己的想法去玩。有的小朋友就不乐意了，非要想怎么玩就怎么玩，往往生气极了，举起手来就要打小朋友。

这时，陈玉海及时出现拦住了女儿，他把女儿带到小房间，耐心地教导女儿说：“小朋友们第一次来我们家玩，你这样对待小朋友的话，以后他们不仅不会来我们家玩了，说不定在游乐场等其他地方看到你掉头就走，他们恐怕再也不会跟你做朋友了。”女儿听到这，伤心地哭了。陈玉海安慰女儿说：“要想小朋友们跟你做好朋友、跟你一起玩也不是不可以，只要你以后不那么任性，不那么执拗，学会体贴别人、关照别人，和小朋友们一起玩的时候，大家一起商量游戏的玩法，彼此迁就一下就行。为了挽救自己跟小朋友们间的友谊，往往接受了爸爸的提议，很快便跟小朋友玩成一片了。待小朋友们走了之后，陈玉海再给女儿打一针“加强针”，让女儿牢牢记住，只有为他人着想、理解和体贴他人的小朋友才能够交到很多的好朋友。

体贴的女生更招人喜欢。因为体贴就像是一股山间清泉，能够慢慢沁入人的心脾，给人一种轻松愉悦之感。各位有女儿的爸爸们，用点儿心思把自己的女儿培养成为一个人人都喜欢的体贴女生吧，在温暖自己的同时也能够温暖别人，在给孩子带去好人缘的同时也给孩子带去美好的人生。

好爸爸箴言：相信每一位爸爸全心全意地爱孩子、尽心尽力地呵护孩子都是不求回报的，但是如果能够教出一个懂得为别人着想、懂得理解和体贴他人的女儿，不仅能够温暖自己的内心，还能带给孩子好人缘、好福报，何乐而不为呢？

5

培养她大胆勇敢的性格

为了能够让女儿乐乐的暑期生活过得丰富多彩、别具一格，陈豪然欲报名让女儿独自一人去参加一个野外生存夏令营活动。本来在家已经跟女儿沟通好了，可是到了报名现场，乐乐看到报名处张贴的一些活动照片就退缩了，不让爸爸报名。陈豪然仔细一看，那是去年小朋友们参加夏令营活动的现场照，照片里有个小朋友被狗追，还有个小朋友的身上爬有一只毛毛虫，且小朋友们在野外是住在帐篷里，到处黑漆漆的，只有几颗微弱的小星星在闪耀。乐乐说，她害怕，怕狗怕虫也怕黑，她不要自己一个人去参加夏令营活动。陈豪然哄了女儿好久她都不去参加夏令营活动，他只好作罢。

有人说，女孩子是水做的，虽然清澈纯净，但同时也十分柔弱。是的，与男孩子相比，女孩子确实是比较柔弱一些、胆小一些。想必很多爸爸都发现了，自己的女儿跟乐乐小朋友一样，会因为胆小害怕而拒绝参加一些在家长看来比较有意义的活动。

我们可以理解孩子这种担忧害怕的行为，但是决不能让害怕和胆小跟随孩子的一生。因为在这个弱肉强食的世界里，越软弱越容易被人摆布，越胆小越容易受人欺负；因为在这个竞争激烈的社会里，越软弱就越不容易抓住机遇，越胆小就越不容易获得成功。只有果敢大胆，只有勇于进取，人生才会所向无敌。所以，每一位爱女惜女的好爸爸都要用心地培养女儿拥有果敢大胆的性格，使其有资本也有能力在人生舞台上所向披靡，做更强大的自己，更好的自己。

首先，爸爸要在日常生活中给孩子灌输勇敢的概念，让孩子对勇敢先有一个初步的认识。为了让乐乐摆脱胆小的纠缠，陈豪然先是买回来很多有关勇敢的故事绘本跟乐乐一起看，边看边告诉乐乐，什么叫勇敢，为什么要勇敢，勇敢的小朋友老师同学都喜欢，等等，让女儿慢慢了解勇敢的内涵。同时，陈豪然还于日常生活中抓住一切机会给孩子输送勇敢的信念，比如在看新闻的时候，看到某地出现火灾，消防员叔叔进火灾现场救人的片段时，陈豪然会给消防员叔叔点个赞，告诉乐乐，若不是消防员叔叔勇敢地冲进去救人，恐怕火会烧得越来越猛烈，被困在里面的小朋友和大朋友都有可能会被大火烧死……通过这种真实的案例讲解，让女儿进一步了解了勇敢的深意，慢慢建立起对勇敢的崇敬之情。

女孩子胆小，最突出的表现是对陌生的动物或是凶猛的动物有恐惧感，但是她们对大自然还是存在一定的好奇感的。所以，可以让她们带着好奇感走进森林去接触真正的大自然，去了解大自然的各种生物，让她们在探索未知的大自然过程中锻炼胆识，培养果敢的性格。陈豪然知道女儿害怕狮子、老虎，就特意带她去泰国曼谷的野生动物园看狮子、老虎，第一次这么近距离看到猛兽，乐乐怕得全身发抖，紧紧地抓住爸爸的手。爸爸握住她的手，鼓励她不要害怕：“我们坐在车子里，老虎是攻击不了我们的。”从曼谷回来，陈豪然带女儿去本市的动物园，老虎被关在大大的铁笼子里，乐乐隔着玻璃看老虎，虽然还是有些紧张害怕，但是已经不再抓住爸爸的手求保护了，可以自由地在玻璃外走动、观看和拍照了。之后，陈豪然又带女儿驾车到北京野生动物园全方位立体式地观赏了多种食肉动物，女儿坐在车里兴奋地大叫，跟当初那个隔着车窗看到凶猛动物都怕得全身颤抖的小姑娘简直就是两个样儿。

其实，女孩子胆小，一般情况下都是心理作用使然，制造机会让她们多尝试几次，她们就会发现，其实自己所害怕的东西根本就不存在危险性，那么她们自然就会释然，胆子也会因此而慢慢大起来。

培养孩子大胆勇敢的性格，有一点很重要，那就是必须培养孩子独立处理问题的能力，让孩子学会独立思考，独立去完成一件事，独自去解决一个棘手的问题等。邻居家明先生的女儿讪讪给人感觉有些怯弱。她常来我们家，跟我们家的人已经很熟了，但是每次来我们家让她自己拿玩具玩，她都不敢。我们家小朋友每次约她去游乐场玩，那些稍微有点儿小刺激的项目，她想玩但是总是不敢玩，很多次脚都踏进门口了又缩回来。为此，明先生买回来一副围棋跟女儿对弈，让女儿独立思考要走的每一步棋。每当她的棋子被爸爸的棋子围攻时，孤立无援的她要是不勇敢地尝试，大胆突围的话，只能两个字收场——“惨败”。最初几局，讪讪并不敢冒险突围，结果惨败惨败再惨败。明先生刺激女儿说，如果她再这么怯弱下去，注定了永远做个失败者。在爸爸的激励之下，遭遇了多次惨败的讪讪终于果敢起来……

培养孩子不屈不挠的精神也是培养孩子具有大胆勇敢性格的有效方法之一。风风雨雨会伴随我们一生，相信每一位爸爸都不忍心看到自己的孩子在遇到困难时退缩、害怕、萎靡不振吧？故我们从小就要放手让孩子去接受风雨的洗礼，去经受雨露的捶打，去承载岁月的磨砺，不管是精神上的还是体能上的。只有让孩子不断地磨炼，才能在遇到困难和逆境的时候不屈不挠、不卑不亢，能够奋勇向前，能够披荆斩棘……

同事王冕是个很怯懦的人，每次去谈项目，即使客户开出的条件很优厚，他完全可以代表公司答应，但他总是说“我得回去请示一下领导”，结果等他请示领导回来，客户早跑了。他这种“前怕狼后怕虎”不敢冒险的性格，完全传给了他女儿琴琴。琴琴大提琴拉得很好，老师多次推荐她去参加比赛，每一次她总是因为害怕自己在赛场上表现不好而不敢报名，结果跟她一起学琴的小朋友参加了不少场比赛，拿了不少奖，还因此得以保送上了重点中学。而她，除了羡慕之外，就只有后悔了。后悔的不仅只是琴琴自己，连爸爸王冕也表示很后悔，他后悔自己没有早点儿把怯懦的性格改掉而传给了琴琴，害了琴琴。正所谓“龙生龙，凤生凤”，如果爸爸妈妈自己无比懦弱、无比胆小，做事磨磨蹭蹭、拖拖拉拉，你的孩子会是个雷厉风行、坚毅果敢的人吗？要想孩子跟怯弱、胆小无缘，那么自己得先不畏怯、不柔弱，变得坚毅果敢起来，这样才能够影响孩子，让孩子以你为榜样。

此外，竞争也会使人变得勇敢、胆大起来。爸爸们可以尝试鼓励孩子去参加一些比较有挑战性的活动或是项目，如游泳比赛、登山比赛等，让孩子在激烈的竞争比赛中变得坚强果敢起来。

尽管受到性别和生理等方面的影响和限制，女孩子没有男孩子那么英勇强悍和大胆果敢，但是相信通过爸爸们的精心培育和鞭策，女孩子一定可以和男孩子一样坚强勇敢。

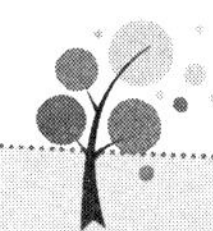

好爸爸箴言：在这个竞争超级无敌激烈的社会里，只有果敢大胆，只有勇于进取，人生才会所向无敌。虽然女孩子要比男孩子软弱一些，胆小一些，但是相信通过爸爸的精心培育和鞭策，一定可以让女儿拥有果敢大胆的性格，在人生舞台上所向披靡。

6

教会她做人要有主见

很多家长都以孩子是否听话为标准来检验家庭教育做得好不好，殊不知，以孩子听话为目标的教育完全破坏了孩子的自主性，扼杀了孩子的独立性，如此培养出来的孩子必然是一个没有主见的人。

没有主见的人，不知道自己想要什么，容易随波逐流迷失方向；没有主见的人，做事犹犹豫豫，甚至别人说什么就是什么，完全没有自己的想法；没有主见的人，在需要做选择的时候，觉得这个好，那个也不错，评估半天也无法做出最佳或是最正确的选择。而有主见的人，知道自己想要什么，不会附和别人，更不会受他人所影响。

有主见和没主见所呈现出来的结果完全不一样，那么，你想自己的孩子做个有主见的人还是做个没主见的人呢？想必答案都是前者吧。我们家黄晨曦小朋友做事总是优柔寡断的，每次带她去买东西，选半天也选不定买什么，每次问她想吃什么，她也是想半天也答不上来。去游乐场，问她想玩什么，她每种游乐设施都观望一遍，也决定不了玩哪样。为此，曦爸想了一些办法来培养她成为一个有主见的人。

曦爸说，欲培养孩子做个有主见的人，首先得给孩子一个宽松的家庭成长环境，最好是保持民主，家里一些大事尽量开家庭会议，全家老老小小一起做决定，给每个家庭成员发言提建议、说想法的机会。曦爸想把家里的大阳台进行改造，但是改造成什么样子他让全家人决定。为此，他召开了一个家庭会议，让女儿也说一说自己的想法。女儿刚开始说随便，爱怎么改造怎么改造，可是曦爸和公公婆婆天马行空地提了一大堆不太能实现的建议。女儿实在是听不下去了，才主动建议说可以把十几平方米的大阳台改造成一个空中小花园，不仅能让爷爷奶奶种些花花草草打发时间，美化家庭环境，同时也可以给自己的种植课提供一个小型的研究场地，有利于自己的学习和进步。女儿这个实用性很强的建议得到了全家人的一致认同，这给了女儿很大的鼓励，使她开始慢慢有了自己的想法，并且果断地说出来。

“包办家庭”对孩子的伤害非常大，简直就是硬生生地剥夺了孩子独立性和自主性的权利。曦爸认为，要让自己的孩子变得有主见起来，就必须要摒弃为孩子包办一切的不良做法，要有意识地鼓励孩子去做自己力所能及的事，使孩子在做的过程中逐步形成独立性和自主性，激发出自我潜能。女儿的房间，不管是衣柜、书柜、书桌还是床铺，所有的清洁卫生和储物整理，都由她自己来，她想怎么整理就怎么整理，想多少天整理一次就多少天整理一次，即使不想整理任其乱糟糟的，曦爸也不会让老人去帮忙整理，他自己也不会主动去帮忙，有些高的地方女儿够不着的话请求他帮忙，他才会施以援手。曦爸跟女儿是这么说的：“自己的房间自己做主，自己的东西自己整理，你可以请求别人的帮助，但是不能依赖别人来帮你做。”

手有了自主性之后，脑袋就要有想法了。在日常生活中，要让孩子养成自己想办法解决问题的好习惯，这是培养孩子有主见的有效方法之一。我们家晨曦小朋友很喜欢拆东西，家里大大小小的玩具，只要能拆的，她都要拆出来玩一下。一些简单的玩具她会装回去，但是那些比较复杂的玩具，她就放在一边不装。一天，她又拆了一个大型玩具不装回去。曦爸问她为什么不装，她说看起来好难哦，让爸爸帮她装。曦爸鼓励她说："你既然可以把它拆出来玩，应该也可以把它装回去玩，试试，爸爸相信你！"在曦爸的鼓励下，晨曦小朋友慢慢摸索、慢慢尝试、慢慢琢磨，半天时间装了大半部分，可是还有一小部分怎么也装不回去。怎么办呢？向爸爸求助。爸爸并没有立刻帮她把剩下的部分装好，而是让她先自己想办法解决。她拿着装好的部分玩具和剩下没装的零件比比画画，试了好久还是无法继续装下去。既然没法继续装，干脆全部拆了重新再试一遍。想到这，晨曦即刻行动，把装好的玩具全部拆了，然后再一步一步地慢慢重装，结果，真的让她给装好了呢！原来，她之前装错了一个零件，导致后续组装进行不下去。曦爸对晨曦开动脑筋想法子解决问题的做法给予了高度评价，并且以此为契机告诉她，人一定要具有一定的主动性和能动性，不管遇到什么事，都要自己先动脑筋想办法解决，而不能一味地让他人来帮你解决。

很多小朋友之所以没有主见，是因为爸爸妈妈从未给过她们自主选择的权利，凡事都是爸爸妈妈说了算，她们只有服从的份儿，只能按照爸爸妈妈要求的去做。或许爸爸妈妈这样做，确实能让孩子少走一些弯路，但是这样对孩子是不是真的好呢？答案当然是否定的。爸爸要相信自己的孩子，适时地把选择权和主动权交还给孩子，让孩子做自己的主人，自己去决定、去选择要做什么以及怎么做，尽量不要过多插手或是干涉孩子的事。有一次，学校组织小朋友们参加全国少儿美术大赛，晨曦上了好几年的美术兴趣班了，老师也觉得她的绘画水平较同年龄段的孩子水平要高一些，完全可以去参加全国美术大赛争取拿奖了，但是她最终却没有报名参加，为什么？因为那段时间全国少儿钢琴比赛也正在举行，尽管她学琴的时间不算长，水平和熟练程度都还有待提高和加强，可偏爱钢琴的她还是希望能够去搏一搏，看看自己能不能有所突破。当然，她也想过二者兼顾，不过那样很容易芝麻和西瓜都得不到，故最后她选择了参加钢琴大赛而放弃参加美术大赛。虽然曦爸觉得女儿参加美术大赛获奖的概率要大一些，但是还是让女儿自主选择，不加干涉。

有的爸爸妈妈虽然口口声声说让孩子自主选择、自己做决定，可又用很多的规矩来限制孩子的选择自由。这样的“假自主”很容易养成“假主见”的孩子，何苦呢？当然，如果你有所顾虑，怕孩子选错做错决定的话，爸爸们也可以从旁提点一下，引导一下，让孩子也考虑一下你的建议或是意见，不过最终的决定权还是要留给孩子。要知道，随着孩子一天天地长大，面临的选择机会会越来越多，你帮得了孩子一时却帮不了她一世，她的人生始终要自己去走、自己去开拓的。

一个有主见的人，向来都有自己的主意和目标，凡事也都有自己的看法和见解，不会因为别人的说法而有所动摇，也不会因为别人的眼光而产生怀疑，这样的人，绝对自信聪慧，绝对有能力有智谋。爸爸们想让自己的孩子成为这样的人吗？想的话，就努力培养孩子做个有主见的人吧，让其选择自己要走的路，把控自己的未来，绝不随波逐流、人云亦云。

好爸爸箴言：没有主见的人，不知道自己想要什么，容易随波逐流迷失方向；有主见的人，知道自己想要什么，不会附和别人，更不会受他人影响。培养孩子做个有主见的人，让其选择自己要走的路，把控自己的未来，绝不人云亦云受制于人。

7

教会她要坦然地面对一切

在这个物欲横流的时代，人人都想得到更多、过得更好。这可能吗？自然是不可能的。有人说“得而不喜，失而不忧”是人生的最高境界。是的，不以物喜，不以己悲，淡定从容，坦然面对，这才是我们该有的人生态度，该有的人生修养。这种态度，这种修养，要从孩子抓起。因为没有人能够永远一帆风顺，也没有人能够永远心想事成。每个人的一生，必然有一半是风雨和坎坷，只有全盘接受，坦然地面对，人生才不会苦多于甜，痛大于喜。教会孩子坦然地面对眼前的一切苦与难，痛与伤，时刻保持着一颗平常心看待人生的不完美，才能活得自在，活得畅快。

曾经随领导带着记者朋友一起去广西某市一个穷乡僻壤慰问一个贫困人家。这户人家的男主人名叫韦力平，妻子在生下第三个孩子之后就离家出走了，多年均无音讯，韦力平靠村里人接济帮忙拉扯大三个孩子。我们带了一些米面油和生活日用品送给韦力平，韦力平因一场意外失去了双手，无法“亲手”从领导手上接过慰问品，故让12岁的大女儿韦成珊代劳。韦成珊微笑着站在镜头下接过慰问品，那笑脸让我毕生难忘，因为它把韦成珊家里所有的困难和苦痛都掩盖了，真没想到，生活在一个如此艰难的家庭里的孩子，能够有这样纯美的微笑。我问韦成珊，平时跟爸爸和弟弟妹妹生活得怎么样？韦成珊毫不犹豫地说“开心”！我没想到她会这么回答我，我以为她会说“苦”，所以愣了一下。她笑笑说：“我们家虽然条件不好，爸爸身体也不好，但是我们还是要开开心心地生活，爸爸说我们可以没有家财万贯，但是我们要保持微笑啊！”

是啊，微笑就像是一股清泉，能够洗去我们身上的伤口和痛苦；微笑就像是一阵轻风，能够拂去我们眼角的泪水与忧愁；微笑就像是一团火焰，能够融化掉我们心中的冰山与雪块。生活便是如此，需要用微笑去感化与渲染，需要用微笑去洗涤与过滤。让孩子学会坦然地面对一切，首先要教会她微笑，用微笑来面对生活中的一切不顺，用微笑来点缀自己的生活。

让孩子学会坦然地面对一切，除了教孩子微笑，还要教孩子坚强。韦力平说，妻子离家的时候，韦成珊不到6岁，当时家里仅有的几千元积蓄都被妻子带走了。身无分文的他，决定外出打工赚钱养家，那段时间，照顾4岁多的弟弟和3岁的妹妹的重任自然就落在了韦成珊身上。韦成珊每天一到饭点就带着弟弟妹妹上同村的爷爷奶奶、叔叔伯伯家讨吃的，伯母婶婶很不友好，一看到他们姐弟三个来，来不及关门“赶客”就边给他们舀清粥边破口大骂，韦成珊总是微笑地接过伴随着谩骂声递过来的粥喂弟弟妹妹，如此坚持了一个月，韦力平赚了些钱买了些油米菜回来，韦成珊这才结束了带着弟弟妹妹“讨粥”的生活。之后，一家几口靠着爸爸韦力平打工、姐姐韦成珊养鸡种菜维持生活。我问韦成珊，有没有看到妈妈走？她点点头。我又问，哭了吗？有叫妈妈留下吗？她摇摇头笑着说：“妈妈走也是没办法的事，她在家里活得太苦太累了。”我接着又问：“你当时就不害怕妈妈走了以后，没人照顾你跟弟弟妹妹吗？”韦成珊看了一眼韦力平说：“爸爸当时抱着我们说，要坚强，不能被生活打倒。”之后，韦成珊真的做到了，一直做爸爸坚强的后盾，照顾好家和弟弟妹妹。

坚强是一笔无形的资产，能够让孩子在遭遇突变时依然傲然挺立绝不气馁；坚强是一股强大的动力，能够让孩子不管遇到多大的困难险阻都能够大步跨过；坚强是一种伟大的信念，能够带孩子越过荆棘、闯过风浪更好地生活下去。所以，我们要从小培养孩子具有坚强的品格，这样才能让孩子经受起岁月和苦难的磨砺。

“坦然面对，淡然处之”，说起来容易，做起来难，其对我们大人来说都有一定的难度，对小孩子来说更是难上加难了。但是，只要爸爸们耐心引导，在孩子学会微笑，学会坚强之后，学会用两种习惯性的思维来看待问题，就不难做到了。

第一种是凡事要往好处想，让乐观的情绪将悲观失望的情绪掩盖。一次去开家长会的时候，看到一个小女孩嘟着小嘴站在教室外的张贴墙前，她的爸爸看了看张贴墙上的成绩单对她说：“不错啊，比上次测验进步了，高了好几分呢。”小女孩一脸不悦地答道：“可是没有得满分啊。”小女孩的爸爸摸摸她的头说：“可是你进步了耶！好多小朋友都还是原地踏步，没有进步哦！只要你一次比一次进步一点点，还怕得不到满分吗？”小女孩听完爸爸的话，想了想，然后点点头笑了。不管发生什么事，我们往往都会像小女孩那样先往坏处想，所以，常常一点儿小事就会让自己感觉到很难受。如果我们像那位小女孩的爸爸那样，朝相反的方向，即好的方向去想问题、看问题的话，结果就会完全不一样，甚至还有可能给自己带来惊喜呢。教孩子学会从好的方向去想问题，就不怕孩子做不到淡然和从容了。

第二种是顺其自然，绝不勉强。要让孩子知道，任何事情都会按照一定的客观规律发展，比如水必然是要往低处流，比如人必然会往高处走，等等。既然任何事情的发展都有其既定的规律，我们就要坦然地接受，不能违背自然规律去勉强任何东西。要知道，一个人的能力是极为有限的，我们可以在自己的能力范围之内尽力去做，但是结果是不可控的，有可能会受到客观因素的影响而达不到我们预期的目的和效果，这能怪我们吗？当然不能！在这种情况下，我们得让孩子学会面对，学会理解，学会淡然。

有个朋友在女儿5岁的时候就送她去学古筝了，尽管他女儿也经常有机会参加一些大型的演出，老师也说他女儿弹奏得不错，但是他女儿这两年参加国内少儿古筝比赛都没能拿到奖项，女儿因此大受打击。为此，他只对女儿说了四个字：顺其自然。然后让女儿该练习的时候好好练习，该表演的时候认真表演，该比赛的时候努力比赛，只要女儿尽力去做好该做的事就行，结果怎样，顺其自然，该是你的就是你的，不是你的就不要去强求。

人生便是如此，不是你想怎样就怎样的，也不是你想得到什么就能得到什么的，淡然接受，才不会活得太累。像韦成珊那样，坦然地接受妈妈离开和爸爸伤残的事实，才能更加坚强地活着，才能在自己和爸爸的共同努力下，让生活一天比一天好一点儿。

人生不过短短的几十年而已，想必任何一位家长都不想自己的孩子，不管是现在还是将来，都沉浮在一片痛苦的海洋之中吧？那就教会孩子微笑地看待眼前的一切，坚强地面对生活中的一切苦难，坦然地接受一些不如意的事，勇敢地面对一些不顺心的事，不必在意别人的眼光和评价，也不要勉强自己做无能为力之事。凡事只要尽力做好即可，从从容容、淡淡定定地生活就好。

好爸爸箴言： 没有人能够永远一帆风顺，也没有人能够永远心想事成。每个人的一生，必然有一半是风雨和坎坷，只有全盘接受，坦然地面对，人生才不会苦多于甜，痛大于喜。教会孩子坦然地面对一切，时刻保持一颗平常心，才能使孩子活得自在，活得畅快。

8

教她正确认识和利用金钱

经常听到小区的一些老人发牢骚，说自己的孩子是典型的“啃老一族”，不肯出去工作赚钱养家，老是宅在家玩电脑打游戏，等着老人拿退休工资来买米买菜供养他们。辛辛苦苦养育出来的孩子，别说指望他们能够赚钱让自己老来享福了，说不定自己还要供养他们到老呢。这种现象的产生，跟家长对孩子进行的金钱教育有关。如果家长从小就告诉孩子，他们今天所用的每一分钱都是爸爸妈妈用辛勤的汗水换来的，将来他们长大了之后要用的每一分钱，需要他们用自己勤劳的双手去换取，而不是坐等父母来继续供养他们的话，孩子还会成为“啃老一族”吗?

也经常听到一些家长跟孩子说，长大了之后要其赚很多很多的钱，给爸爸妈妈买很大的房子住和豪车开。让孩子树立起赚钱的长远目标其实并不是一件坏事，但是怎么赚、赚多少没有交待好，就有可能滋生出不好的事端来。这就需要家长从小对孩子进行正确的金钱教育。

俗语有云：“金钱虽然不是万能的，但是没钱却是万万不能的。”是的，金钱对任何人来说都是生活的必需品，其重要性不言而喻。从小给孩子灌输正确的金钱观，教会孩子正确认识、赚取和利用金钱，教会孩子花钱要节制、要合理，要做金钱的主人而非被金钱牵着鼻子走，这对培养孩子具有良好的品性大有益处。

那么，该如何教导孩子正确认识和利用金钱呢?

很多过度溺爱孩子的家长说，孩子想要什么就给她买什么，不管价格贵不贵、值不值，反正只要孩子开心就好。其实，给孩子买她想买的东西并没有什么问题，钱也不是重点，而问题是孩子要买的那个东西，真的需要吗？换句话说，就是我们需不需要在那个东西上面花钱，如果不需要，我们是不是可以把钱花在更需要的地方呢?

所以，要正确认识金钱，首先要正确理解消费行为。孩子最先接触到金钱靠的就是消费行为，只有让孩子把握好消费的尺度，秉着“该买的可以买，不该买的坚决不买”的原则，引导孩子进行有计划的消费和合理的消费，才能让孩子不乱花钱、不胡乱消费。而且还要让孩子明确地知道，一旦自己学业完成步入社会了之后，必须要靠自己的能力以正当的方式赚钱来进行消费，而不是不劳而获靠别人来供养。

正确理解了消费行为，就要来正确认识金钱了，且在认识的同时，要让孩子知道赚钱的艰辛。朋友王强力找来多个国家的纸币和硬币教女儿，他不仅教女儿认识这些纸币和硬币长什么样，面值多少，同时还让女儿知道它们都在哪些国家进行流通，跟中国的人民币汇率大概是多少。另外，他还告诉女儿自己跟妻子的工作岗位、工作职责，以及月薪和奖金数额，让女儿知道爸爸妈妈赚钱并不容易。

让孩子知道了赚钱不易、花钱要合理之后，接下来我们就要培养孩子养成存钱的好习惯了。春节给小朋友压岁钱是我国的传统习俗，家长朋友们可以给孩子准备一个存钱罐，

让孩子把压岁钱和零花钱放进存钱罐里储存，待交学费或者买文具需要用钱的时候再拿出来使用，在一定程度上能减轻父母的经济负担。也可以带着孩子一起去银行开一张孩子的专属银行卡，让孩子定期把存钱罐里的钱拿到银行存起来，同时也让孩子向银行职员了解一下利息收入和理财计划，让孩子从小就接触到理财概念。我们家黄晨曦每年的压岁钱大概有6000元，曦爸会让她全数存入银行，连续存了几年有几万元了，曦爸就会带她到银行用她自己的存款去做投资理财，每年都有些投资收入。去年，女儿开始学钢琴，需要购买一台3万元左右的钢琴进行练习，她主动说要用自己的存款来购买，不让爸爸妈妈为她的钢琴买单。自己的钱自己做主，除了购买钢琴这种大件的物品外，她也可以随时去支取存款用于其他消费，比如给爸爸妈妈、爷爷奶奶买生日礼物，暑假参加夏令营的活动，等等，曦爸从不干涉。

不管是大人还是小孩，有了钱肯定会想该如何花。朋友的女儿跟我们家黄晨曦一样在银行开了账户存压岁钱和零花钱，她今天存了钱进去，明天就想取出来买玩具，花钱的速度简直比存钱的速度还快。这种行为是极为不可取的。曦爸为了避免女儿也出现类似情况，会经常跟女儿讨论银行存款的使用方法。虽然晨曦没有朋友的女儿那么夸张，存多少就要用多少，但是她还是有很多想买的东西。曦爸让她把自己想买的东西都写下来，一样一样地来判断该不该买、什么时候买、用什么钱去买。一般情况下，曦爸一个月只让女儿购买一样她想要买的东西，而且还不一定让她去银行取现有的存款来买，会建议她将未来几天爸爸妈妈给的零用钱攒下来去买她想要的东西。另外，曦爸还建议她可以跟爸爸妈妈、爷爷奶奶商量，用她的劳动来换取金钱去购买自己想要的东西，如帮妈妈做一些家务换取一定的报酬等。这种让孩子设立明确的存钱目标的方法也是教孩子正确认识和利用金钱的好方法之一。

有一次去银行办事，看到一位爸爸带着一个小女孩去存钱，小女孩递给工作人员厚厚一沓百元大钞，工作人员好奇地问小女孩，这么多钱都是谁给的啊？小女孩得意地说："我生日的时候爷爷奶奶和爸爸妈妈给的，一共5万元呢。"工作人员有些诧异地说："小朋友你真幸福，生日的时候收到那么多的祝福。"小女孩仰着头更加得意地说："过年的时候我收到的压岁钱更多。”工作人员瞅了小女孩的爸爸一眼说：“你们真是太疼孩子了。”小女孩的爸爸回答说：“家里人也只不过是找个借口给孩子点儿零花钱存起来而已。”

给孩子零花钱，让孩子把零花钱存进银行绝对是一件好事，但是给零花钱的数额是不是越大越好呢？其实不然。平时给孩子的零花钱、生日红包、过年压岁钱等，务必要科学合理适当，由于宠爱孩子而表现得过于大方的话，反而会害了孩子。

此外，爸爸们还需要帮助孩子合理地分配金钱。邻居家的夏校小朋友小小年纪就参加了多次围棋比赛获得了大奖，并且拿到了大笔奖金。该怎么使用这一笔笔收入呢？夏校爸爸建议他把奖金分成五部分，一部分用来买礼物感谢指导老师，一部分用来请爸爸妈妈吃饭，感谢爸爸妈妈的培养，一部分拿来买自己想买的东西，一部分存进银行留待将来使用，最后一部分捐给贫困山区的小朋友，这样不仅能感恩老师、感恩父母，能买到自己心爱的东西，能充实自己的银行存款，为将来的不时之需做好储备工作，同时还能尽自己的一份力帮助那些需要帮助的小朋友。这样做可以让孩子知道，钱不仅是一种能够给人提供舒适生活的工具，也可以用来帮助别人，给别人带去温暖。

最后，爸爸们还要告诉孩子，尽管金钱的作用很大，能买到很多生活必需品，能让人们过上比较舒适快乐的生活，但是却买不到亲情、友情。只有让孩子对金钱有了全面直观地认识，将来长大了才不至于被金钱所奴役，才能用自己的双手和能力去赚取金钱。

好爸爸箴言：金钱对任何人来说都是生活的必需品，其重要性不言而喻。从小给孩子灌输正确的金钱观，教会孩子正确认识和利用金钱，教会孩子花钱要节制要合理，要做金钱的主人而非被金钱牵着鼻子走，这对培养孩子具有良好的品性大有益处。

第六辑

好爸爸

许给孩子一个美好未来

爸爸身上独有的特性，如刚正、果敢、坚忍、爽朗、理性等，这些都是大部分妈妈所缺乏的。爸爸可以通过自身特有的秉性给孩子提供优良的成长源泉，促使孩子养成良好的性格品行，许给孩子一个无比美好的未来。

1

“好爸爸”的角色谁也无法替代

不知道大家有没有看过一部名为《如父如子》的电影，我记得里面有一句非常经典的台词：“父亲也是无人能取代的工作吧？”是的，父亲不仅仅是一个寓意深厚的名词，更是一份无人能取代的工作。没有人能代替你做好“父亲”这份工，需要你亲力亲为。

是的，爸爸不仅仅是一个和我们血脉相连的亲人，更是一个不可或缺也无人能取代的角色。血亲关系只能决定生理意义上的父子关系，而无法成为孩子心理意义上的亲子关系，要想让孩子真正接纳自己，必须付出足够多的时间跟孩子进行互动，必须认真且努力地做好父亲这个角色。

一个爸爸的成功与否，并不完全取决于他每年能赚多少钱，能让孩子过上怎样的生活，而是他的心是否能够一直跟孩子在一起，是否有足够的时间、精力和耐心陪伴照顾孩子，是否可以跟孩子一同成长和进步。

可是，按照我国的传统，绝大多数家庭是“男主外，女主内”，所以对爸爸这个角色的认定便是“经济支柱”，即为家庭提供经济来源的供养者，而非孩子的教育者、指导者和陪伴者。殊不知，爸爸跟妈妈一样，都应该担起照顾孩子、养育孩子、教导孩子、陪伴孩子的责任，而且爸爸对孩子性别角色的形成，以及对认知能力和行为发展等方面也都起着十分重要的作用。

然而，在现实生活中，很多爸爸忙于追求自己的事业，忙于赚取更多的金钱为家庭创造良好的物质条件，故而渐渐淡化对孩子的教育，甚至是渐渐淡出孩子的成长过程。如果爸爸在孩子的成长过程中缺席了，对孩子会造成什么样的影响呢?

首先是性别角色形成的影响。有研究表明，爸爸长期缺席孩子的生活，男孩子会缺少男子气概，女孩子要么对男性有陌生感和恐惧感，要么有依恋感。

爸爸能为男孩提供男性基本行为特征和模式。男孩6岁前是男性品质形成的关键时期，如果没有爸爸陪伴、引导和模仿的话，很容易出现偏差。

对女孩子而言，爸爸是她们接触到的第一位异性，她们对异性的看法也是最初从爸爸那里获得的。爸爸缺席了，她们去哪里找参照物？而且，爸爸身上所固有的坚韧、果断等特性对女孩子也非常有帮助。

有专家指出，爸爸缺席陪伴的孩子在认知发展方面，即在发现问题、解决问题等方面会稍微差一些，原因就在于爸爸和妈妈照顾和培育孩子的方式绝对不一样。妈妈属于“保姆型”，管衣食住行，管健康和安全，而爸爸是“激进派”，更倾向于鼓励孩子学会独立和自主，参与竞争和冒险，负责带孩子去探索未知的世界。我们家黄晨曦小朋友2岁多的时候，曦爸被借调到外地工作，一个月顶多能回家住两天。起初，我并不觉得对孩子有什么不好，可是送去早教班学习了之后，慢慢地我就发现问题了。那些由爸爸和妈妈一起照顾或者是由爸爸照顾多一些的孩子，独立性非常强，送到教室门口后，跟父母说声“拜拜”就直接头也不回地进去了，而我们家晨曦总是要哄半天然后才极不情愿地含着泪进去上课。老师也跟我反映说，晨曦自主性太差，课堂上让她选择道具做游戏，她总是犹豫半天之后回答老师一句：“我不懂选什么。”

如果你觉得这些都没什么的话，那么之后发生的事，让我不得不相信，曦爸缺席女儿的成长过程，对女儿的认知发展极为不利。那天，早教班的老师组织小朋友去一个大型的儿童游乐场参加儿童攀岩冒险活动。我们早早就到了游乐场门口，可是晨曦小朋友看到门口站着很多恐龙模型，害怕得哇哇大哭起来。老师告诉她，那些恐龙都是假的，是冒险活动的道具之一，进游乐场之后，老师会带小朋友们穿越模拟的恐龙生活区域去探险寻宝。晨曦小朋友却哭闹着不肯进去，说不要去探险，不要去寻宝，更不要看到可怕的恐龙。然而，其他小朋友却对这次活动充满了好奇，早早就叫爸爸妈妈把他们带进去了。在强烈的对比之下，在事实面前，我还能说什么？老师后来也建议我，以后这种具有一定冒险行为的活动，得让爸爸参加才行。有爸爸的鼓励、保护和陪伴，女孩子会更大胆一些、更勇敢一些和更具冒险精神一些的。

有数据显示，爸爸缺席孩子的成长过程，孩子更易走上犯罪道路。因为每个孩子总会有一个叛逆期，妈妈对孩子的管教明显没有爸爸严厉，叛逆期的孩子会去挑战妈妈的权威，妈妈若是不够强势镇不住孩子的话，那么孩子走上犯罪道路的可能性就会增大。身边很多单亲或是伪单亲的朋友，他们的孩子在中学时候迎来了人生之中的第一个叛逆期。这个时期的孩子很敏感、很任性，经常会因为一点儿小事就跟妈妈吵架，一吵架就会象征性地“离家出走”去跟社会上的人一起玩，又抽烟又喝酒的，她们根本就没办法管。她们自己都说，若是孩子的爸爸在身边，应该能够管得住，自己真的是无能为力了。

关于心理健康问题，双亲家庭且爸爸长期陪伴的孩子肯定要比单亲家庭的孩子心理健全一些。我曾经采访过一个单亲家庭的女孩子，整个采访过程中她都是哽咽的。她说，爸爸妈妈离异之后，妈妈带着她再嫁，跟继父一起生活的日子，她生不如死，不仅常常被虐打，继父还常常不给她饭吃，让她饿着肚子整夜整夜地照顾同母异父的弟弟。她跟她的亲生爸爸讲过在继父家所受的苦，求爸爸带她走，可是爸爸说他已经有了新的家庭，她是融不进那个新家庭的。好不容易熬了几年，她年满16岁了，继父赶她出去打工赚钱，她这才过上稍微自由、稍微轻松一点儿的生活。不过，她心理阴影面积实在太大，患了严重的抑郁症。没有一个完整的家庭，没有爸爸呵护的童年，实在是太可怜了！

虽然，爸爸缺席或是淡出孩子的童年时期、青少年时期极有可能是迫不得已的，有的是因为要外出打工挣钱，有的是因为职业的特殊性，有的可能是婚姻亮起了红灯选择离异把孩子留给妈妈，不管是什么样的原因，都不能成为把孩子完全推给妈妈进行培育的理由和借口。

父爱是奢侈品，父亲也没有代替品，各位忙碌的爸爸，请扮演好“好爸爸”这个角色，尽可能多抽些时间来陪伴孩子，教育孩子，别让“爸爸”这个词成为孩子的一个遥不可及的念想。

好爸爸箴言：爸爸的角色不可或缺，也无可替代。父亲和孩子之间，仅仅凭借着血脉来相连也是绝对不够的。血亲关系只能决定生理意义上的父子关系，而无法成为孩子心理意义上的亲子关系，要想成为孩子真正的亲人，使孩子真正接纳自己，必须付出足够多的时间跟孩子进行互动。

2

好爸爸对孩子的成长有着特殊的意义

爸爸和妈妈，就像是长在孩子身上的两个隐形的翅膀，能够助孩子展翅高飞。在孩子的成长过程中，爸爸和妈妈所扮演的角色不同，起到的作用也不同，但是同样肩负着养育孩子的重任。只不过妈妈关心的多是孩子的起居饮食，而爸爸则是在精神层面上帮助孩子建立正确的人生观、世界观和价值观，鼓励孩子树立远大的理想和勇于超越自我的决心和勇气等。

有人认为，爸爸对孩子的成长有着特殊的意义，究竟特殊在哪里呢？

有专家认为，爸爸是通过环境创设者的身份来影响孩子的成长的。环境创设，即爸爸的社会地位高低、事业成功度、收入的高低以及人际关系的宽广度等直接影响到孩子的自尊心、安全感和人际视野。可是这也恰恰成为爸爸不陪伴孩子，将教育孩子的责任完全推给妈妈的常见理由和借口。要想给孩子创设更好的环境，就必须要多花些时间去追求事业、追求成功，甚至是应酬，这样的话，教导孩子的时间便所剩无几了。故而我们对此说法持保留态度。

所以绝大多数人认为，爸爸对孩子成长的特殊意义首先在于“被模仿者”。爸爸是孩子生命中第一个重要的男人，不管是男孩还是女孩，都会在很长一段时间里，以爸爸为榜样来做人做事。故爸爸可以通过自己的言行举止，将一些胆识、气魄、远大目光、开阔胸襟、适应能力强等个性特点潜移默化地传递给孩子，让孩子不断地模仿自己、超越自己，这便是最好的教育。

爸爸对孩子成长的特殊意义还在于是孩子智慧的启蒙者。有研究表明，爸爸陪伴和教导较多的孩子，要比其他孩子智力水平略高一些。我们不去探究这个研究结果的可信度到底有多高，但我们可以从爸爸和孩子的一些亲子互动活动中感受得出来确实如此。

汪涵的女儿最喜欢跟他一起玩游戏了，每天他下班回到家的第一件事就是摆好飞行棋盘跟女儿下棋。大家别以为汪涵只是跟女儿挪动各种颜色的飞行棋飞几步就算了，他不知多用心呢，在棋盘旁边放一张世界地图，每飞一次就让女儿幻想一下现在他们飞到哪儿了，然后让女儿在地图上找出那个地方来，接着就给女儿讲那个地方的风土人情和国情，玩了几次下来，父女俩“飞越”了大半个地球了。汪涵说，他是在游戏和玩乐中让女儿先纸上谈兵式地认识和了解世界，等以后有机会了再带女儿去看世界。很多爸爸跟汪涵一样，都是在游戏中带给孩子更多的知识和启发，打开孩子智慧的阀门，让孩子在认知世界里越走越远，越走越深入。

爸爸不仅具有丰富的知识，超强的动手能力，还具有深度的理解力、判断力和探索力，对开阔孩子的视野，提高孩子的认知能力、发展能力以及创造能力都有着极其独特的作用，所以说，爸爸是开启孩子智慧的一把“金钥匙”。

“引导孩子情商高度发展”也是爸爸对孩子成长的特殊

意义所在，即爸爸对孩子情商的发展起着关键性作用。我们都知道，爸爸较之于妈妈要更理性一些。在孩子出现负面情绪的时候，妈妈更倾向于去安慰，而爸爸则是注重疏导，同时还会对孩子进行情绪自我舒缓教育，使孩子能够学会控制自己的情绪。

卢海的儿子是个情绪波动比较严重、情商也比较低的孩子，一点点小事都能够让他很激动。比如，上数学竞赛课的时候，谁先举手就请谁回答问题，有一次明明是他先举的手，可是老师没有注意到，叫了另外一个比他晚举手的小朋友回答问题，他很生气，当即就站起来质问老师为什么不叫第一个举手的他回答问题，这不公平！老师被学生当众质问，面子上肯定过不去了，所以之后对他极为不友好，很多活动都不让他参加，随便找个借口把他糊弄过去。卢海知道了之后并没有找老师理论，而是跟儿子玩了一个名为“我是警察”的游戏。游戏由一家三口加上爷爷奶奶一共五个人一起玩。游戏里有五个角色：警察、人质、卧底、罪犯、百姓，儿子抽到“警察”，爷爷抽到“罪犯”，奶奶抽到“百姓”，爸爸抽到“卧底”，妈妈抽到“人质”，“警察”的职责就是解救“人质”，抓到“罪犯”，找到“卧底”，不连累“百姓”。

家里的每一个人都不知道别人抽到什么角色，只知道自己的角色。在游戏的过程中，每个人可以通过一些表情或是手势表明自己的身份，让其他人去猜。儿子总是很冲动，看到谁做了什么手势，就立刻用语言表达出来，结果很快就暴露了自己的身份，让“罪犯”得以下手伤害“人质”和“百姓”。不过多玩几次这个游戏之后，儿子就知道，做人做事不能这么冲动了，否则有可能会害了自己，连累了别人，给自己和别人都带来不必要的麻烦。卢海就是这样，通过玩游戏的方法教儿子要懂得控制情绪，懂得在适当的时候说适当的话，提高儿子情商的。

爸爸对孩子成长的特殊意义还在于“为孩子树立正确的性别风向标”。为什么现在很多男生都向女性化发展，变得娘娘腔？为什么现在有越来越多的女生恋上跟自己的爸爸年纪不相上下的男性？出现这种情况的根本原因在于，这些孩子在进入性别辨认期时，爸爸缺席了。长期跟妈妈相依为命而没有爸爸相伴的孩子，自然会受到妈妈的影响，进而慢慢失去男子汉的韧性和坚强变得柔弱起来。那些爱上跟自己爸爸年纪差不多甚至比自己爸爸年纪还大的男人的女生，具有典型的恋父情结，这也是长期缺乏父爱，父亲长期缺席她们生长过程带给她们的无形伤害。爸爸参与孩子的成长过程，能够让男孩子更好地辨识自己的男性特征，使情感取向正常地发展，能够让女孩子对异性具有正确的认识，帮助她们成年后与男性发展正常的情感关系，防止畸恋的产生。

爸爸在孩子的成长过程中有着特殊的作用，有着不可取代的地位，请爸爸们积极地参与到孩子的成长教育当中，以爸爸特有的个性和品质，独特的性情和品位，积极地给孩子注入探秘世界、探索新领域的新鲜力量和血液，推动孩子健康地成长。

好爸爸箴言： 在孩子的成长过程中，爸爸和妈妈所扮演的角色不同，起到的作用自然也就不同了。妈妈通常关心的是孩子的起居饮食，而爸爸则是在精神层面帮助孩子建立正确的人生观、世界观和价值观，鼓励孩子树立远大的理想和勇于超越自我的决心和勇气等。

3

好爸爸的教育方式与妈妈的互补才完美

爸爸是男人，妈妈是女人，这就注定了二者之间必然存在着一定的差异。妈妈感性，爸爸理性；妈妈滔滔不绝，爸爸沉默寡言；妈妈温柔细心，爸爸豪爽粗犷……

而且，爸爸妈妈看人待事也极为不同，爸爸能看到妈妈看不到的部分，妈妈则能看到爸爸看不穿的地方，如此看来，二者的培育方式自然也不会相同，只有互补才能完整和谐，才能将孩子培养成为美好而健全的人。

曾经在公园里看到这样一幕：爸爸跟孩子商量着玩“追逐”的游戏，妈妈赶紧以一家三口为中心画了一个圈，检查

了一下地板上有没有钉子或石头，确定没有之后才让爸爸跟儿子必须在这个圈子范围里追逐嬉戏。或许是妈妈画的圈太小了吧，父子俩追着追着就追出了圈子，妈妈急忙冲着父子俩远去的背影叫喊，让他们赶紧回到她认为安全的区域里玩。可是爸爸远远地回答妈妈说，他们要去公园的其他地方去玩探险游戏，妈妈着急得赶紧追了过去，并且大叫着："要注意安全！"

爸爸具有冒险精神，也喜欢自由自在，在跟孩子做游戏的时候，更关注的是怎样才能玩得轻松、玩得自在、玩得开心、玩出精彩来。而妈妈注重的是安全，妈妈会在孩子游戏之前对环境进行一番审视，确定安全之后才放心让孩子玩。可是爸爸则觉得，磕磕绊绊是不可避免的事，摔倒了爬起来就是了，何必要玩得如此拘泥呢？危险无处不在，爸爸没有这个意识，但是妈妈有，故只有将爸爸的冒险和妈妈的细心结合起来，才能让孩子安全快乐地玩，才能让孩子在探险路上走得更远更有意义。

虽然爸爸跟妈妈一样，也希望孩子将来能够大有作为成名成家，但还是不会刻意去限制孩子的发展方向，他们崇尚的是让孩子自由发展，崇尚的是培养孩子适应各种环境，让孩子具有独立生存和发展的能力，有的甚至还以培养孩子的开拓精神为教育核心。

朋友李志奇就是这样一位爸爸。他认为孩子的成长必须得靠自己的力量来推动，故从小培养和锻炼儿子的自主意识和独立生存的能力。如每到暑假，他都会把儿子送到乡下的亲戚家生活一个月。这一个月里，他让亲戚向儿子收取一定的生活费，他只给儿子一小部分，余下的部分让儿子自己去挣。为了赚生活费，儿子在亲戚家后山开垦出一块地种菜卖，卖菜赚的钱明显不够贴补生活费，儿子便又跑到镇上批发一些冰淇淋放冰盒子里走村串门地卖，一个月下来，也赚了好几百块呢。别以为儿子被送到乡下才干活吃苦，平时在家里，李志奇也会让儿子做一些家务，如帮他洗车啊，帮妈妈打理阳台的花花草草，等等。或许大家会觉得李志奇这样对待孩子似乎有些残忍，但是不可否认的是，他儿子在他这样苛刻的锻炼和培养下，独立生存能力在日益提高。

与爸爸“让孩子自由发展”的观点相对应的是，妈妈对孩子期望过高且只偏重于学习，并不怎么在意孩子的独立自主能力的培养。李志奇的妻子望子成龙心太甚，且受应试教育制度的影响，她只关心孩子的学习成绩，学习之外的其他事情，她尽量不让儿子干，儿子也很争气，学习成绩一直稳居年级前三，让她备感欣慰。

正是李志奇和妻子二人同力合心，各自按照自己的教育方式来教导孩子，才使儿子既具有较强的独立生存能力，学习成绩也不错。试想一下，如果光是按照李志奇的教育方法来教孩子的话，儿子独立自主的能力是被锻炼出来了，但是他的学习成绩还能这么优异吗？如果光是按照他妻子只重视分数不重视独立能力来锻炼孩子的话，儿子成绩是好了，但是他能够接受激烈的社会竞争的考验，更好地生存下去吗？答案不必明说，相信大家都看得出来。

一般来讲，爸爸比较重视孩子的心理健康，注重跟孩子进行心灵上的沟通，而妈妈更关心的是孩子的生理需求，时常忽视了孩子的心理需求。

老同学章强比较重视孩子健康心理的培养，比较注意跟孩子进行情感交流，是个十分关心孩子心理需求的好爸爸。每天他都会抽十多分钟跟孩子一起讨论学习和生活上的问题，有时看到儿子不高兴，会悄悄地问儿子发生了什么事，他愿意做儿子的倾听者，会跟儿子一起想办法解决遇到的问题，也会尽量满足儿子心理需求，比如儿子有什么小心愿，他能够满足的会尽量满足。妻子则跟他相反，在日常生活中，妻子关心儿子的生理需要多过心理需求，对儿子的情感变化关注得比较少。尽管夫妻俩对儿子的关注点不同，但是并未因此而起冲突、闹矛盾，反而是进行了良性的沟通，彼此接受对方对待孩子的方式方法，并不干涉。用他们夫妻的话说就是，他们家对儿子实行的是“双轨教育”，良性互补，这样才能让儿子更加健康快乐地成长。

“尊重和理解孩子，让孩子以自己的意愿和个性生活”是很多爸爸所推行的教育方法。他们认为，不管是谁，即使是孩子的亲爹亲妈，也无权去干涉和支配孩子的行为和意愿，不能替代孩子做选择，得让孩子做自己的主人，自己为自己的人生负责。这种想法确实是好的，可是是否具有实用性呢？孩子对世界的认知、对人生的了解，抑或是对自己的认识能有多深，他们真的可以对自己的人生负责，为自己的未来走向做出选择吗？如果真的能的话，就不会有家长发出

“我家孩子不管学什么都是三分钟热度”这样的感叹了。

但是绝大多数妈妈都支配欲较强，她们希望孩子听自己的话，顺从自己的意愿。可是孩子也是独立的个体，有自己的想法是再正常不过的事了，为什么一定要完全听令于妈妈呢？为什么就没有自主选择的权利呢？

完全让孩子自己做选择又不放心，但是不让孩子自己做主的话，又剥夺了孩子选择的权利，该如何是好呢？当然是爸爸妈妈“有的放矢”的合作了，该让孩子自主选择的时候就让他选择，不过在选择之前可以对孩子加以引导，在孩子还未具有独立履行行为能力时，还是要爸爸妈妈帮忙做决定的。

俗话说得好，一个人的能力再大也是有限的，但是两个人的能力合起来就会变得无穷大。对孩子的教育也是同样的道理。爸爸或是妈妈独自一人对孩子进行教育，始终比不上两个人合作教育来得好，二者有机结合、良性互补，对孩子才是最好的。

好爸爸箴言：妈妈感性，爸爸理性；妈妈滔滔不绝，爸爸沉默寡言；妈妈温柔细心，爸爸豪爽粗犷……爸爸妈妈看人待事也极为不同，爸爸能看到妈妈看不到的部分，妈妈则能看到爸爸看不穿的地方，故二者的培育方式自然也不会相同，所以，只有互补才能完整和谐，将孩子培养成完美而健全的人。

4

好爸爸是孩子生存的教育者和生活技能的传授者

人存于世，最主要的是生存。生存有两层含义，一层是“珍惜生命”，简单来说就是“活着”。我们时有听到有孩子从高楼一跃而下结束年轻的生命，有孩子不想活了割腕等触目惊心的新闻，为了预防此类事件再次发生，必须要对孩子进行生存教育，教会孩子珍爱生命。

那么，怎么样才能引导孩子学会珍惜生命呢？身为儿童心理学专家的朋友王昌明说，首先要让孩子正确认识生命的含义，可以通过和孩子一同观看有关生命的宣传片、绘本或者真人真事的纪录片，让孩子明白“活着”是一个人最基本的权利，是对父母最直接的回报，是对自己负责的最基本的表现。要告诉孩子，任何问题都有解决的办法，任何困难都可以攻克，但前提条件是必须活着，活着便是希望，活着才会有未来，轻生是对自己最大的侮辱，是对家人最大的伤害。

其次，要让孩子明白，生命是人一生之中最珍贵的财富，只有它完好地存在着，人才有资本在社会上占有一席之地。可以给孩子讲一些有关名人、伟人经历了生与死的考验之后创造出丰功伟绩的事例，让孩子深切地感受到生命是人之发展最有力的武器，教导他们即使在生死存亡关头也要努力坚持活下去，绝不放弃生命。

另外，还要教孩子一定的防御技能。为了保护孩子，为了能让孩子在遇到意外险情时可以自救，爸爸可以给孩子报一些课程，如跆拳道训练、游泳训练等，提高孩子的自救能力。而且还要花些精力模拟一些场景，让孩子亲身感受和解决这些生活中不知何时会发生的意外，绝不让自己和家人遗憾终生。同时，还要让孩子永远牢记这样一句话："只有先活着，才能活好。"

“活好”是生存的第二层含义，即焕发生命的活力，过有质量的生活。不可否认，孩子们在多年的学习生涯中学习了写作、算术、外语、科学等技术和技能，这些是他们步入社会参与社会竞争的必然储备，但是从这些基本科目上学到的东西绝对满足不了生活和工作中所需的各种知识和文化，这就需要家庭教育来进行互补。身为家庭经济支柱的爸爸，便是最好的生活技能的传授者。

赚钱能力是生活技能之首。“先要会赚钱，才能更好地活着。”文友陈韶关十分有远见，从小就培养儿子的写作能力，让儿子利用课余时间练习写作，二三年级的时候就鼓励儿子向儿童报刊投稿赚稿费，到了高年级，更是年年鼓励儿子参加作文大赛赚奖金。他希望儿子将来也能成为一名作家，能够有能力、有条件通过文学创作来赚取一定的生活资本。当然，如果儿子专业技术水平过硬，能靠自己的专业技能更好地生存和发展，写作也可以作为副业存在。身边很多朋友都像陈韶关那样，从小就培养孩子拥有一项艺术技能，如钢琴演奏、舞蹈表演、武术表演，等等，将来这项技能极有可能成为孩子生存和发展的工具。

赚了钱除了用于维持正常的生活开支之外，应该将一部分用于储蓄以备不时之需，或者用于理财以钱生钱。现在的年轻人，很多都是“月光族”，赚的都不够花，办了一张又一张信用卡来周转，这样生活下去，总有一天会面临破产的危机。理财能力也是生活技能之一，从小教会孩子理财，让孩子具有一定的理财能力，必然能让他们一生受益。陈韶关平时做理财咨询和理财投资时偶尔会带上儿子，让儿子也听听理财人员的推荐介绍，形成一定的理财概念，然后会让儿子将压岁钱和零用钱存起来，到了一定数额之后做一个理财计划，培养孩子的理财能力。

野外求生技能也是生活技能的重要组成部分。爸爸可以带孩子去参加专业机构开办的野外生存训练营，也可以参加一些野外探险活动，在原始森林中实地演示和教会孩子如何辨方向、找水源，如何生火、搭帐篷，如何躲避野兽的攻击，如何应急处理伤口等，让孩子学会在恶劣的外部环境中生存下来。

家用电器的维修和处理也是生活技能之一。如何保养、维修和处理是每个人都必须掌握的，孩子也不例外。陈韶关

说，睡前或是出门前关煤气、电视、空调等这些比较安全的行为，他都尽量让儿子来做，但是换灯泡、修电路这种存在着一定危险性的行为，他就教儿子打维修人员的电话，请专业的维修人员上门维修，像通马桶、清理冰箱等比较脏、比较累的活儿，他就跟儿子一起干……教会孩子掌握家用电器的基础维护和维修方法，不仅可以让生活便利起来，也能提高孩子的生存能力，一举两得，何乐而不为呢？

很多爸爸在教孩子生存能力的时候，会忘了教孩子进行时间管理。时间观念不强的孩子，工作效率绝对高不到哪里去。从小培养孩子进行有效的时间管理能力，具备良好的时间观念，这有助于孩子成为一个高效的人。陈韶关每天会划出一小段时间让儿子按照自己的意愿自由支配，可以玩游戏、可以看电视、也可以跟家人聊天，不过这段时间之外的其他时间必须严格按照时间表进行。儿子每天放学回到家第一件事就是合理规划晚上这段时间要做什么，用文字和表格清清楚楚地列出来，比如饭后半小时做家务，之后的一小时写作业，然后接下来的半小时用于阅读，最后接下来一小时用于写作……他绝对不允许儿子想到什么就去做什么，那样不仅容易浪费时间，还有可能会落下一些很重要的事情没做。

生命是如此的宝贵，我们不仅要让我们的孩子健康地活着，快乐地活着，还期望他们能够活出精彩，活出自我的价值。相信爸爸们将后天生存技能教育与孩子天生的生存本能进行有机结合之后，一定能让孩子形成强大的生存能力，使孩子顺利地接受人生的严峻考验和社会竞争的残酷筛选，焕发出生命的活力，过上有质量的生活。

好爸爸箴言：人之所以存于世，最主要的是生存。生存有两层含义，一层是“珍惜生命”，简单来说就是“活着”；生存的第二层含义是“焕发生命的活力”，简单来说就是“活好”。要想孩子不管遇到多大的风浪和阻滞都能够坚持活着，并且努力活得更好，爸爸们要从小对孩子进行生存教育，传授给孩子一定的生活技能。

5

好爸爸决定着孩子的美好未来

孩子现在的幸福和未来的美好都跟家庭有关。在家庭成员之中，对孩子影响最大且最深远的，自然是孩子最亲密的爸爸妈妈了。有研究表明，决定孩子未来成就高低的百分之八十是来自于爸爸。为什么呢？因为爸爸宽厚的肩膀，能够给孩子带来温暖和幸福感；爸爸睿智的思考，能够让孩子遇见更好的自己；爸爸的拼搏精神，能够让孩子看见更精彩的未来！可以说，爸爸在另一个维度上决定了孩子的人生，决定了孩子美好的未来。

记得我小时，常常有人问我：“喜欢爸爸多一点儿还是喜欢妈妈多一点儿？”我的答案总是：“喜欢爸爸妈妈一样多。”可是他们并不死心，继续追问我：“爸爸做的菜又不好吃，爸爸又不会照顾你，爸爸陪你的时间又没有妈妈多，为什么不喜欢妈妈多一点儿呢？”每每这时，我就会转转小眼珠说：“我还是喜欢爸爸妈妈一样多。”后来，我慢慢地长大，不再有人问我这么无聊的问题了，不过假如再有人问的话，我想我应该会这么回答他：“虽然一直以来，都是妈妈在照顾我，爸爸不太会照顾我，更不会给我做好吃的，甚至爸爸陪伴我的时间也很少，可是，他跟我说的每一句话，看我的每一个眼神，对我做的每一个动作，我都牢牢地记在心里，因为那些带给我的安全感和幸福感，是任何人也给予不了的。”

“爸爸”是一个神圣的存在；他那宽厚的肩膀，可以带给孩子无限的依靠，他那强大的臂弯，可以带给孩子无限的温暖，他那伟岸的身躯，可以带给孩子无限的幸福感。这些都为孩子幸福的人生和美好的未来奠定了良好的基础。

爸爸能够带给孩子的，绝对不仅仅是一份无所不在的关怀和呵护，他还能够送给孩子一根高高伫立的人生标杆，引领着孩子走上康庄大道，走向美好的未来，而孩子继承的不仅仅是爸爸的血脉，更是爸爸的志向。

曾经采访过一个英语培训机构的创办人秋子小姐，她说她最大的成功就是创办了这所培训机构，给孩子们带来了好的英语教育资源。她之所以会走上教育的道路，完全是因为继承了爸爸的志向。秋子爸爸所生活的那个年代物质资料匮乏，教育资源更是匮乏，可是秋子爸爸很幸运，生在富贵之家，从小便得以接受良好的教育，十几岁的时候，还被家人送去国外“喝洋墨水”。尽管自己生活一直都很无忧，但是他看到的都是贫穷人家的孩子上不起学，读不成书，为此，他暗自下决心办一所学校，接收穷人家的孩子就读。但因各种原因，秋子爸爸长期居住在美国，年过半百都未曾有机会回国办学。秋子小姐继承了爸爸的这个志向，研究生毕业后就回国到很多英语培训机构教学，在积累了一定的经验和资金之后便创办了这所英语培训机构，为一些爱好英语或是想要出国深造的孩子提供语言方面的培训。“感谢爸爸，为我树立起了这么一个人生标杆，让我能够顺着这个标杆攀越幸福的高峰，攀越成功的巅峰。”秋子小姐充满感激地说道。

爸爸对于孩子来说，是个摆渡人，是个引路人，且不仅仅如此。大学同学卢选明说："我的爸爸，给我最深的影响是他睿智的思考。是爸爸教会我思考人生，思考未来，让我在不断地思考中，遇见更好的自己。"

学生时代的卢选明不是那种很听话的孩子，不太爱学习，不过还算聪明，成绩向来不错，从未跌出过年级前二十名。可是到了高三的上学期，班上那些排名中上的勤学好问的同学劲头十足地赶超了他这种凭着点儿聪明劲不费力去学习的同学。那个学期的期中考试，卢选明第一次排名后退，别说年级前二十了，前五十都没进。

他战战兢兢地把成绩单拿回家给爸爸看，爸爸并未对他排名下降进行狠批，而是很认真地翻看他的试卷，把他做错的题目自己做了一遍，然后再拿正确的答案来对照，当他发现自己也做错了几题时，他便陷入了深深的思索。不知过了多久，爸爸从沉思中回过神来，把他卢选明叫到身旁，指着他做错的题目问他为什么做错。卢选明愣了一下，不知道该怎么回答，因为他从未认真思考过自己做错题目的原因。爸爸见他答不上来，也没有生气，只是说："凡事都要多思考一下，不管是做错的题目，还是生活中或是学习中遇到的任何事，脑子要多用才会转得更快。"从此之后，卢选明养成了爱思考的好习惯。正是他想得深、想得远，也想得透，使他找到了不断前进的方向，找到了更好的自己，成为我们人人都羡慕的高才生，大学毕业之后被美国一所名校相中提供全额奖学金让他硕博连读。

有人说："爸爸是孩子的榜样，是孩子一生都想超越的山峰。"为什么这么说呢？我们公司张总说，这跟爸爸身上所拥有的拼搏劲有关。

张总的爸爸是个普普通通的公司职员，月薪少得可怜，要担起整个家，要维持全家老小所有的开支，微薄的工资怎么算都是不够的。怎么办呢？重操副业！早上他四五点就起床，开着一辆摩托车在家附近兜客，快到八点的时候赶去公司上班，中午一下班匆匆扒几口残羹冷炙就在公司附近载客了。晚上下班之后，他即刻回家吃完饭，然后陪张总和妹妹做功课，待张总跟妹妹睡下之后，他又开着那辆破摩托车出去载客。张总的爸爸就是这样，每天利用工余时间用摩托车载客赚钱贴补家用，如此便是数年。张总心疼爸爸，有时会叫爸爸休息会儿，别再这么拼命地赚钱了，可是爸爸说：“放心吧，一切都会好起来的，等你们兄妹大学毕业了，爸爸就可以好好休息了。”

正是爸爸这种拼搏的精神，让张总看到了希望的曙光，看到了美好的未来，他不抱怨命运的不公，不害怕贫穷的肆虐，默默地为未来的幸福生活打拼，一步一个脚印，不到40岁便升为公司的总经理，事业有成不止，还有娇妻和一对可爱的双胞胎儿子。

孩子的未来看似很遥远，但其实它就在我们身边，就掌握在孩子最信赖、最亲近的人——爸爸手中。爸爸对孩子的影响和为孩子树立的标杆不是一时的，而是一世的；爸爸对孩子的启迪和为孩子树立的榜样，不是一粒小小的种子，而是一棵参天大树。愿天下间每一位爸爸都能够用自己的爱和智慧，给孩子打造一个精彩的人生和一份美好的未来。

好爸爸箴言： 爸爸宽厚的肩膀，能给孩子带来温暖和幸福；爸爸睿智的思考，能让孩子遇见更好的自己。爸爸带给孩子的，绝不仅仅是无所不在的关怀和呵护，他还能为孩子树立人生标杆，引领孩子走向美好未来。

后记

小区广场放露天公益电影，我下班路过，回想起自己小时候社区里放电影，整个社区的人都往那里挤的情景，我脚下的步子便不听使唤地靠近大银幕。这时，旁边来了一对父子，孩子叫嚷着看不见，爸爸二话不说，直接就把孩子往头上举，嘴里念叨着："爸爸给你弄个最佳高度。"

我的眼睛有些湿润了。想当年，爸爸也是这么让我骑在他的脖子上看完整场电影的。有时，我看得入了神，尿裤子了都不知，而爸爸并未打扰我的"兴致"，待电影结束后才拍拍我的小屁股提醒我“水漫金山”了。

不知不觉间，我已经长得跟爸爸一样高了。可是，爸爸做我的基石，高高地举在肩膀上的情景还历历在目。

这便是爸爸存在的意义和父爱的伟大。每一位爸爸一生都在给孩子做基石，或托或举地把孩子送至最理想的高度。不管孩子的人生坐标有多高，人生理想有多大，都不会高得过爸爸的个头，大不过爸爸的爱与希望。

爸爸的爱，就像一本书，深沉而含蓄。那一年冬天特别冷，冷得我摔了一个重重的跟头之后全身似乎被冰封了似的。当时我就读的学校是全市最好的一所中学，我们班是全市各中学之中最好的一个奥数班。可以说，全校乃至全市的中学生都在关注我们班的学生，期待着我们能够代表学校代表全市中学生去参加全国奥数比赛拿大奖，我很荣幸能成为参赛队中的一员。但我却因狂妄自大而枉费了老师的一番心血，辜负了同学们的期望，不仅没取得优异的成绩，反而拉低了我们学校参赛队的平均分数。我愧疚，我懊恼，我自责，我不知道该怎么去面对老师和同学，怎么去面对疼爱我的爸爸和妈妈。那个周末，我索性做一只鸵鸟，把自己关在房间里两天两夜不吃不喝。我以为爸爸会打我、会骂我、会责怪我，然而，他并没有。他默默地守在我的房门外，到了饭点敲敲门说："饭菜放门外，饿了自己开门拿进去吃。"就这样，爸爸隔着房门足足陪了我48小时，不眠不休。周一的早上，无法再逃避的我换好校服裹上大棉袄，打开房门准备去学校时，爸爸走了过来，拍拍我的肩膀说："加油！爸爸相信你可以的。"那天，走在冰冷的雪地上，我居然感到无限的温暖，因为有爸爸深沉的爱相伴，有爸爸真诚的鼓励相随，我身上的温度瞬间飙升了，我脚下的步伐也更加坚定了。

爸爸的爱，就像是一块夹心糖，外表硬邦邦，但其实内心是柔软的。我第一年参加高考，分数不算低，也被一所家里人比较中意的院校录取了。所学的专业是汉语言文学，毕业之后做个语文老师，应该算是一个比较理想的状态吧。可是当时的我眼光甚高，即使已经去学院报到就读了一段时间，我还是想去理想中的某政法大学学法律。我向学院递交了退学申请。当我拖着行李回到家时，我感觉得到爸爸十分生气，家里弥漫着紧张的气氛，不过他依然没有打我，也没有骂我，只是气自己教出了任性无比的孩子。为此，他不跟我说话，不搭理我，很长一段时间，我以为他从此不再疼我，不再爱我了。直到一场暴雨，让我看到了爸爸柔软的内心，看到了爸爸对我深藏的爱。

我退学回到原来的中学上高考补习班，争取第二年能够考上理想的院校。所以，我比其他同学要更努力更拼搏，每天晚自习后都会自觉地在教室里多看一个小时的书才回家。那天晚自习后我依然如往常般继续留在教室里看书，并没有注意到外面已经下起了暴雨。待我看累了起身收拾书本走出教室时，看到一个熟悉的身影伫立在雨中。爸爸看到我出来，急忙跑到我面前，撑开一把伞递给我，然后自己径直走在前面，帮我挡些风挡些雨。

我问他："来接我？"爸爸头也不回地说："下雨了，你没带伞，给你送来。"我又问："很早就来了？"爸爸点点头："一下晚自习就来了，怕你着急回家挨雨淋。"我接着问："为什么不进教室等我？"爸爸回过头看了我一眼说："不想打扰你学习。"

我望着爸爸的背影，不争气的眼泪流了出来……

爸爸的爱，更像是一杯咖啡，喝第一口的时候，有点儿苦，但是越喝就越觉得甜。一直以来，爸爸都很疼爱我，但是他并没有过分地宠溺我，反而对我很严厉，有时甚至严厉得有些苛刻。记得有一次语文测验，我的作文跑题了，爸爸便找了一百道作文题目让我审题，然后列出主题思想，我足足用了一周的课余时间才把爸爸布置的这项“作业”做完。当时我非常郁闷，不就是一次作文跑题吗，用得着这么“惩罚”我？多年之后，当我站在讲台上教学生们如何审作文题时，才知道当时爸爸的良苦用心。我发现，自从那次爸爸对我进行审题集训后，我再也没有审偏题，不仅慢慢喜欢上了文字，甚至还走上了文学创作之路，其实这都得益于爸爸的教诲。

爸爸是我一生之中最爱也最感激的人，他也曾说过，我是他这辈子最爱也最疼惜的人。我庆幸自己30多年来一直被严厉而又慈祥、厚实而又柔软的父爱所包裹着。

今天，我把自己与爸爸的故事分享给大家，将身边无数位优秀爸爸的亲子理念形成文字，收进这本图书。希望读者和我一起用心将这份爱延续和传递给我们的下一代，让我们的孩子也能够过上被无私且又无限的父爱紧紧环绕的幸福人生。